クレア・バーチンガー自伝

紛争地の人々を看護で支えた女性の軌跡

クレア・バーチンガー
西田佳子 訳

潮出版社

クレア・バーチンガー自伝

紛争地の人々を看護で支えた女性の軌跡

まえがき　日本のみなさまへ

イギリス東部のエセックス州にある、私の自宅の庭には白樺《しらかば》の木が植わっています。二〇一九年の春に日本を訪《おとず》れたとき、東京で看護師のみなさんと懇談《こんだん》する機会をもちました。そのとき、私が尊敬する池田大作博士がご自分の友人である看護師たちの集まりに「白樺」の名を冠《かん》したことを知りました。

白樺の木は荒野《こうや》にしっかり根を張り、どんな風雪にも耐《た》え、清楚《せいそ》な姿でさっそうと天空に伸《の》びゆく。同時に、どんな荒《あ》れ地《ち》も肥沃《ひよく》な土地に変えていく力も秘めている――。池田博士は、集《つど》った看護師たちに、そんな白樺の力をみたにちがいありません。

この話を聞きながら、私は庭の白樺を思《おも》い浮《う》かべていました。そして、池田博士の思いを、私も深く受け止めたのでした。

白樺の樹皮は、寒く暗い夜にたき火《び》を燃やす着火材にもなるのです。ナイチンゲールは、看護師は一人ひとりの生命を照らす存在だと言っています。病床《びょうしょう》での希望の灯《ともしび》になることこそが看護師の使命なのです。

今年（二〇二〇年）はナイチンゲールの生誕二〇〇周年にあたります。その年に、私の人生の歩みを記した自伝の日本語版を発刊できることになりました。これほどうれしいことはありません。看護師は、私が子どものころから憧《あこが》れ、是《ぜ》が非にもなりたいと思っていた職業だったからです。

私はディスレクシアという発達性の読み書き障がいを抱《かか》えています。その障がいに負けずに看護師になれたのも、それが自分の行くべき道だという強い信念と、母の「山は眺《なが》めているのではなく、登るものよ」という言葉があったからだと思っています。

本書に詳《くわ》しく記しましたが、私は国際赤十字の看護師として、レバノン、エチオピア、ケニアなど十二ヶ国の紛争《ふんそう》地帯で仕事をしてきました。飢餓《きが》に苦しむ子どもたちや、戦争で傷ついた人々を救う活動を続けてきたのです。

赤十字の記章に守られているとはいえ、激しい戦火のなかを潜《くぐ》り抜《ぬ》けておこなう看護活動です。負傷者の搬送《はんそう》を許してもらうために、戦っている双方《そうほう》の司令官に会う機会が何度もありました。互《たが》いに敵同士にわかれて殺し合っている人たちも、親しく接すればだれもがみんな家族を愛し、他人への思いやりにあふれる平和を望む人たちだったのです。

なのに、どうして戦争を続けているのだろうか――。

私は、戦争を争いの解決の手段にすることの愚《おろ》かさと、平和の尊さを、自らの体験を通して知ったのです。

看護の現場から身を引いてからは、看護教育の道に進みました。

いま、私の教え子たちが新型コロナウイルスとの戦いの最前線にいます。私は毎日のように、感染者《かんせん》の対応に当たっている学生たちと連絡《れんらく》を取っています。治療法《ちりょう》のない未知のウイルスと闘《たたか》う不安と恐怖《きょうふ》、その心労は想像を絶します。私自身も長年にわたり、心的外傷後ストレス障がい（ＰＴＳＤ）に苦しみました。だからこそ、彼女《かのじょ》たちの支えになり、寄《よ》り添《そ》うのが私の役割だと思っているのです。

感染症《しょう》が猛威《もうい》を振《ふ》るう暗いニュースが飛《と》び交《か》う日々のなかで、週に一度、イギリスに住む人々がひとつになり、明るさに包まれる時間がありました。毎週木曜日の午後八時になると、私たちはいっせいに、医療《いりょう》現場の最前線で奮闘《ふんとう》する医療スタッフへの感謝を伝えたのです。家の窓を開け、あるいは外やバルコニーに出て、青色のライトを照らし、拍手《はくしゅ》と歓声《かんせい》を送り合いました。

新型コロナウイルスは、たしかに私たちを家に閉《と》じ込《こ》めました。しかし、どんなに日常の繋《つな》がりを分断されても、私たちをつなぐ心の絆《きずな》を断《た》ち切《き》ることはできないのです。その絆こそが「希望」だと思います。

私はさまざまな紛争地帯で貧困《ひんこん》や飢餓、戦争で傷ついた人たちをみてきました。そのなかでも現実に負けずに強く生き抜《いぬ》こうとしている人たちが数多くいました。

そうした人たちに共通していたものは「笑顔《えがお》」でした。困難な状況《じょうきょう》のなかでも笑顔でいられる人たちには、常に信頼《しんらい》と希望を失わず、苦難に打ち勝つ強い意志があったように思えます。私はその人たちから、笑顔は、言葉以上に心を開かせることを学びました。

その笑顔こそ、看護の仕事に就《つ》き、揺《ゆ》れ動《うご》く時代を生きる私たちが忘れてはいけないもののひとつにちがいありません。

あのクリミア戦争で、ナイチンゲールが灯《とも》した看護の火は、生命を守りゆく決意と希望の灯です。そのたいまつを、次につなぐ上で、この小さな書物がなにかの役に立てばうれしく思います。

二〇二〇年九月　クレア・バーチンガー

もくじ

第Ⅱ部 特別インタビュー

装幀・レイアウト
金田一亜弥
高畠なつみ（金田一デザイン）
写真
著者提供
雨宮　薫

第I部

山は動く

1 命の〝選別〟――序章

東アフリカに位置する国エチオピア。その地方都市メケレのはずれにある食料《しょくりょう》給付センターの外には、おなかをすかせた男や女や子どもたちが長い列を作っていた。その数は一〇〇〇人をゆうに超《こ》える。からからに乾《かわ》いた地面に座《すわ》りこんだ人々はみな、骨と皮だけの体に、ぼろ布のような服をまとっていた。髪《かみ》も皮膚《ひふ》も服も土埃《つちぼこり》まみれなので、私の目に入るものは、ほぼすべてがモノトーンだった。例外は、センターのそばに立ち並ぶユーカリの木々。銀色がかった緑色のきらめきが、その風景から受ける印象をわずかにやわらげていた。

子どもたちの泣き声や、食べ物を請《こ》うおとなたちの声がきこえる。センターの屋根の通気孔《こう》から立ちのぼる煙《けむり》のにおいに、嘔吐《おうと》物や便、長いことシャワーを浴びていない人々の体臭《たいしゅう》やロバのにおいが混じって、あたりに漂《ただよ》っている。朝方は寒かったのに、昼間は灼熱《しゃくねつ》の太陽が照りつけて、そこらじゅうをハエが飛びかっている。何度追《お》い払《はら》われてもハエは戻《もど》ってきて、人々に病原菌《びょうげんきん》を広めていく。

〝選別〟の初日だった。ひどい飢餓《きが》状態で生命の危険がある子どもたちを選んで栄養を与《あた》え、体調を回復させようというプロジェクト。この日のことは前もって周知され、「うちの子を助けてほしい」と願う親たちに、平等にチャンスが与えられていた。その結果、これだけの人数が集まってしまったのだ。

〝選別〟は地元のスタッフでやってもらうよう提案したが、断られてしまった。「ここの子どもたちはみんな、私たちの弟や妹やいとこみたいなものなのよ。どの子を選んでどの子を選ばないなんて、そんなことできるわけないでしょう？　クレア、あなたにやってもらうしかないわ」といわれたのだ。プレッシャーに押《お》しつぶされそうだった。列と列のあいだを歩くときも、けっして足を止めないように気をつけた。でないと、腕《うで》にだれかの赤《あか》ん坊《ぼう》を押しつけられるかもしれないから。そうでなくてもあちこちから手が伸《の》びてきて、服を引っぱられるし、「ねえ、お願い！　お願い！　うちの子を助けて！」という言葉とともに子どもを差しだされる。でも、声の大きい人の子どもを選ぶのはフェアじゃないし、私のやるべき〝選別〟にはちゃんとしたルールがある。ただし、そのルールは、栄養失調のせいでいまにも死にそうな子どもを選ぶ、というものではない。生死の境をさまよっているような子どもは、私たちがどんなに手厚いケアをしても、一両日のあいだに死んでしまう。限りある食料を無駄《むだ》にしないための選別条件は、「とても重篤《じゅうとく》な栄養失調状態にあるけれど、私たちの援助《えんじょ》を受ければ助かる望みがある子ども」というものだった。

難しいとしかいいようがなかった。選べるのはたった五〇人から七〇人だが、ここには一二〇〇人以上の子どもたちがいて、みんな、飢《う》えに苦しんでいる。ビタミン欠乏症《けつぼうしょう》で失明してしまった子も多い。栄養失調のせいでおなかが恐《おそ》ろしいほどふくらんでいる。頭はつるつるに剃《そ》りあげてあるが、ほんのひと房《ふさ》だけ残してあることが多い。この地域の言い伝えによると、神様は死んだ子どもの髪をつかんで天国に引っぱりあげてくれるそうで、残してあるのはそのための髪だ。

じりじりと照りつける日差しのなかで、二時間ほどかけて〝選別〟作業がおこなわれた。骨と皮しかない腕に触《ふ》れ、状態は悪いがなんとか助かりそうな子どもを探していく。該当《がいとう》する子どもには、腕か額にペンで×印をつけていった。そうしておかないと、あとで子どもをすりかえられるリスクがあるからだ。自分の子に助かってほしいと思う親の気持ちはそれほどまでに切実だし、実際、過去にすりかえが起こったことがある。

人々は列を乱すことなく、おとなしく並んで私が近づくのを待っていた。みんな、私のことを神様かなにかのように思っていたにちがいない。でも、私が神であるはずがない。私の心は罪悪感と情けなさでいっぱいだった。私が救えるのはごく一部の子どもだけ。残りの子どもたちを見殺しにするも同然だ。罪もない人々を死の収容所に連れていったナチと同じではないか。罪悪感は私の胸に刻みこまれ、その後もずっと消えることがなかった。

一九八四年の七月だった。私は赤十字国際委員会によってエチオピア北部にあるメケレという田舎町《いなかまち》に派遣《はけん》されたふたりの看護師のうちのひとり。国内の紛争《ふんそう》のために故郷を追われ、ここの避難《ひなん》民キャンプで暮らすようになった人々のうち、五歳《さい》未満の子どもたちの栄養失調問題をなんとかしようという救済プログラムを実施《じっし》することになっていた。メケレに集められた避難民の数は、一時は八万五〇〇〇人にまで膨《ふく》れ上がった。脱水《だっすい》と栄養失調に苦しみ、灰色の土埃にまみれた人々は、地面のくぼみや、石を積み重ねて形ばかりの仕切りを作ったところで身を寄せ合い、夜の冷《ひ》え込《こ》みをしのいでいた。わずかな食料を持っている人もいたが、ほとんどの人はなにも持っていなかった。食料を持っている人が料理をしようとしても、薪《たきぎ》も水も、なかなか手に入らない。近くの川はほとんど干上《ひあ》がっていた。

飢饉《ききん》がここまでひどい状態になっているとは思ってもみなかった。私はジュネーヴの赤十字国際委員会で、三日間のブリーフィング（状況説明）を受けていたし、過去の飢饉や栄養失調問題についても勉強してから現地に赴《おもむ》いたのに、メケレの現状を目の当《ま》たりにしてみると、そのひどさに息をのむばかりだった。どこをみても、悲惨《ひさん》としかいえない光景が広がっている。私たちにいったいなにができるというんだろう、と思わずにいられなかった。小麦粉、豆、バターオイル、砂糖といった食料は、赤十字国際委員会がボツワナ航空からチャーターした小型飛行機で運ばれてくるが、次の便がいつ来るかも、積み荷がどれくらいあるかもわからない。陸路で運ぶこともできなくはないが、なにかと問題が起こりやすく、何ヶ月も間があいてしまうこともある。紛争のせいで、メケレは陸の孤島《ことう》のようになっていた。

避難民の数は増える一方なのに、赤十字から届けられる食料は減る一方。気の毒なのは、身寄りのないお年寄りだった。かつては社会の大黒柱として働き、いまは本来なら大切に扱《あつか》われるべき人々なのに、家族がいないから食べ物を手に入れることもできない。それがわかっていても、私たちにはどうすることもできなかった。こういう問題が氷山の一角だということは明らかだった。

私たちが子どもの〝選別〟をしているとき、赤ん坊を地面に置いて逃《に》げていこうとする親もいた。孫がプログラムに選ばれなかったので、絶望し、孫を放置してどこかへ行ってしまうお年寄りもいた。それでも私たちがその子どもの面倒《めんどう》をみるわけにはいかない。子どもは結局ほかの家族に引き取られていった。

毎朝、目が覚めるのは夜明けだった。遠くのほうでクラクションが鳴りひびく。夜のあいだにだれかが死んで、その遺体を墓地に運ぼうとしているのだ。もともとあった墓地はもういっぱいで、遠くへ遠くへと広がっていた。墓掘《はかほ》り人たちが穴を掘るその脇《わき》に、遺体がどんどん積みあげられていく状況だ。墓地が足りないので、親子いっしょに、あるいは子どもふたりがいっしょに、ひとつの穴に埋《う》められたりもしていた。

やがて、九月十二日の革命記念日がやってきた。前回の飢饉の最中に大きなバースデーケーキを食べている姿をスクープされた前皇帝のハイレ・セラシエが失脚《しっきゃく》し、軍事クーデターによってメンギスツ政権が誕生したことを祝う日だ。メケレの町からは路上生活者が一掃《いっそう》され、町のあちこちに銃《じゅう》を持った警官が配置された。祝祭の準備は何週間も前から進められていた。表通り沿いの家々はペンキできれいに塗《ぬ》りなおされ、余計な看板は取りはずされた。巨大《きょだい》な記念碑《きねんひ》があちこちに立てられ、スローガンが掲《かか》げられた。政府の役人たちを喜ばせるためだけの準備なのに、何百万ドルものお金が使われたという。何千という人々が飢えて命を落としているというのに、なんという不条理だろう。

救済プログラムに選ばれなかった人々は、それでもあきらめきれずに食料給付センターにやってくる。どんなに気の毒に思えても、私たちは応じることができない。しかし、ある日のこと、配布する食料が余ったので、それをつぶしてペースト状にして、門の外にいる人々にあげた。人々は群がるように集まってきて、地面にこぼれたものさえ拾って、土埃ごと食べてしまった。あまりにもショッキングな光景だった。生きるためとはいえ、そんなことまでするなんて。でも、彼《かれ》らがそこまでしたのは、残り物をあげようと考えた私のせいなのだ。地面に落ちたものを食べるな、とはいえない。彼らにはほかに食べるものがないんだから。私は目をそらすしかなかった。そのうち、残り物をあげるのはやめることになった。一歩間違《まちが》えば暴動に発展してもおかしくない、という判断からだ。

そんな日々にも、うれしいことはあった。救済プログラムのおかげで助かった子どもの親から、感謝の言葉が寄せられることがあったのだ。たとえば、キロスという男の子のケース。キロスは小枝みたいに細い脚《あし》に大きく膨らんだおなかをして、立っているのがやっとというありさま。両目は感染症《かんせんしょう》にかかってまぶたが腫《は》れ、ほとんどふさがっていた。それを洗う水さえ、母親は持っていなかった。私が最初に目を留《と》めたとき、母親は、地面に倒《たお》れて泣いているキロスをぶっていた。私は声をかけて、それをやめさせた。現地スタッフのアスマラによると、キロスは、お母さんはどうしてぼくをぶつの、といっていたそうだ。アスマラを通して母親に話をきくと、母親がキロスを持て余しているのがわかった。キロスはいつも下痢《げり》をしていて体が弱く、歩いていてもすぐ転んでしまう。もうどうしていいのかわからない――そんな絶望と疲労《ひろう》が、母親から伝わってきたのを覚えている。

その日の夜、私は自分の父親の誕生日を祝う手紙を書いた。山の絵を描《えが》いて送るつもりだったのに、キロスの顔が頭から離《はな》れなかったので、こんな詩を書いた。

四歳の男の子の叫《さけ》び

ママ、どうしてぼくをぶつの？
ぼく、なにか悪いことをした？

おなかが痛いんだ。だからぶたないで。
ぼくが病気なのも、歩く力がないのも、立っていられないのも、ぼくが悪いの？
ママの顔もよくみえないんだよ。
もうおなかもすかないんだ。
どうして食べなきゃいけないの？　食べ物なんかいらない。
食べてもそのまま下から出ていっちゃう。そしたらまたママに怒《おこ》られる。
ママ、そんなにぼくが嫌《きら》い？
ママ、どうしてそんなに悲しい顔をしているの？
ママ、どうしてぼくをぶつの？
どうして？

幸い、キロスはその後回復して、目の状態も持ちなおしてきた。ある日私は、キロスが草を編んだブレスレットをしていることに気がついた。キロスがいうには、母親が作ってくれたとのこと。母親はそばにいて、愛情のこもった目でキロスを見守っていた。
とはいえ、問題は山積みだった。たとえば衛生問題。私はセンターの敷地《しきち》内に小さなクリニックを作り、その外の地面に穴を掘って簡易トイレを作り、人々に使わせた。彼らの衛生観念は、私たちには信じられないようなものだった。屋内でも屋外でも好きなところに大小便をしてしまうし、赤ん坊のお尻《しり》を衣服の裾《すそ》で拭《ふ》いてしまったりもする。ハエが飛びまわる臭《くさ》いトイレを使うより、そのほうがいいと思うらしい。

それに、肺炎《はいえん》などの呼吸器疾患《しっかん》にかかったり高熱を出したりした難民がいるとメケレ病院に連れていくのだが、彼らは治療《ちりょう》費を持っていないから、病院は受け入れたがらない。さまざまな物資が必要でも、それを買うお金もない。私は町の人々の嫌われ役になってでも、難民を助けるしかなかった。ただでさえ、難民がどんどん死んでいく状況だったのだから。

やがて、そんな苦しい状況に変化が起こった。ＢＢＣ（英国放送協会）の記者であるマイケル・バークがやってきて、エチオピアで起こっていることを世界に向けて発信したのだ。たった五分間の動画でなにが変わるんだろう——私の不安はいい意味で裏切られた。世界中から支援《しえん》が届きはじめたばかりか、イギリスのミュージシャン、ボブ・ゲルドフが〈バンド・エイド〉を立ちあげ、チャリティーコンサートを開いてくれた。何百万ポンドもの支援金が集まった。

エチオピアで一年間を過ごしたあと、私はウガンダやケニア、アフガニスタンといった戦地を転々として働きつづけた。そのあいだ、エチオピアでの日々はあえて思い出さないようにしていた。罪悪感に耐《た》えきれなかったせいだ。助けた人々ではなく、助けられなかった人々のことばかりが思い出された。私は〝命の選別〟をして、多くの子どもたちを死なせた。そんなことのために看護師になったんじゃないのに。人々の賞賛の声なんかききたくなかった。みんな、なにもわかっていない。

そんな私が再びエチオピアの地に立ったのは、二〇〇三年のことだった。BBCの調査員が私の居場所を調べて連絡《れんらく》をくれた。そして、あれから二〇年後のエチオピアの状況を世界に伝えるドキュメンタリー番組を作るために、マイケル・バークとともに現地を訪《たず》ねてみないか、というオファーをくれたのだ。忘れ去りたい記憶だったが、勇気を振《ふ》りしぼってエチオピアに戻った私は、過去の呪縛《じゅばく》からようやく逃《のが》れることができた。新たな視点からエチオピアをみることにより、あの悲劇のなかで自分が果たした役割がどんなものだったかを受け止めることができた。

振りかえってみると、国際赤十字の看護師として働いた私の人生は、きわめて中身の濃《こ》い充実《じゅうじつ》したものだったと思う。危険や苦悩《くのう》も経験したが、その一方で、すばらしい人々の優《やさ》しさに触れ、友情を育《はぐく》むことができた。そして大きな学びを得た。どんな問題も、戦争では解決できない。戦争はとてつもない犠牲《ぎせい》を人々に強《し》いる。だから、もっと平和な解決策をみつけていかなければならない。

2 戦争

「入国したら、生きて出国できないぞ」

レバノンとの国境警備を担当する筋骨たくましいイスラエル兵がいった。

一九八三年の九月。エチオピアに行く前の年だった。レバノンは、国際赤十字の看護師になった私のはじめての派遣先だった。

「ああ、かまわないよ。ありがとう。戻ってくる予定はないからね」いっしょにいたノルウェー出身の医師が答えた。私は驚《おどろ》いたが、彼は平然としている。おかげで私たちはレバノンに入国することができた。

長時間のドライブを経て、レバノン第三の都市サイダに着いた。救助護衛旅団は翌朝七時に出発するという。私は赤十字の倉庫でひと晩を過ごしたものの、まともに休んだ気がしなかった。旅団の構成は、物資輸送トラックが六台、救急車が四台、スタッフ用の車が二台。どの車にも、大きな赤十字の旗が両側についている。およそ二万五〇〇〇人の難民があちこちにキャンプを作って暮らしているから、そこをまわって救援《きゅうえん》物資を届けることになっていた。

旅の途中には検問が何ヶ所もあり、そのたびにすべての車両が念入りに調べられる。ラ

イフルを構えた兵士たちに囲まれて、自分は本物の戦闘《せんとう》地域にいるんだと実感した。不安と興奮と恐怖《きょうふ》を同時におぼえながら、永遠に続くかのようなチェックが終わるのを待ったものだ。

戦闘地域の山々は木々が切《き》り倒《たお》されて、はげ山になっている。軍隊の隠《かく》れ場《ば》所《しょ》をなくすためだ。もともとは美しい景色が広がっていただろうに、と思うと悲しくなってしまう。赤い土埃を全身に浴びながら、岩だらけの荒《あ》れ地《ち》を進んでいく。道路の片側が崖《がけ》になっていて、一歩間違えば深い谷に落ちてしまいそうなところもたくさんあったし、どの橋も弾《だん》痕《こん》だらけ。壊《こわ》れかけている橋もあった。

いよいよ戦地で人々を救う仕事が始まる――そう思って奮《ふる》いたつのと同時に、私は大きな困惑《こんわく》を抱《かか》えていた。これだけの長旅なのに、次にいつトイレに行けるかわからないのだ。隠《かく》れて用を足せるような木立もないし、車をおりて道路から離れたところへ行くわけにもいかない。地雷《じらい》が埋まっている危険があるからだ。かといって、難民キャンプに到《とう》着《ちゃく》したときも、用を足す場所を探す時間などない。仕事を急いですませて車に戻る必要がある。ぐずぐずしていたら、私たちのために設定された短い休戦時間が終わってしまう。

最終目的地のデイル・エル・カマールに近づいたとき、上空で何発かの爆弾《ばくだん》が炸裂《さくれつ》し

た。雲ひとつない青空に、白い煙が流れる。それまでにない緊張感《きんちょう》のなか、やっとのことで町に到着した。広場には人がたくさん集まって、私たちをみていた。信じられないという顔をする人もいれば、泣いている人や、ほっとしたように微笑《ほほえ》んでいる人もいた。私はどちらを向いていればいいのかもわからなかったし、だれを最初に助ければいいのかもわからなかった。

赤十字国際委員会がここでおこなう活動は、彼らを支え、必要に応じて保護したり移動させたりし、戦火に巻きこまれて怪我《けが》をしている人を危険な地域から避難させて専門の病院に連れていくというものだ。それと、どんな物資がどれだけ必要かという評価もしなければならない。

病院では、精神を病《や》んだ人々や障がいのある子どもたちをみているときがいちばんつらかった。欧米《おうべい》の基準からすると考えられないような扱いを受けている。しかし、状況からしてしかたのないことなのかもしれない。たとえば子どもがベッドに縛《しば》りつけられているのはかわいそうに思えるが、そうしておかないと、彼らはふらふらとどこかへ行ってしまい、結果として危険な目にあってしまう。スタッフが少ないから、どうしても目が届かない。電気がないから、衣服やシーツの洗濯《せんたく》もたまにしかできない。そして、騒音《そうおん》がすごかった。金切り声、ものをたたく音、がたがたとなにかを揺《ゆ》する音、泣き声――それらが絶え間なく病院内に響《ひび》きわたっていた。ふと部屋のすみに目をやると、両脚《りょうあし》に矯正具《きょうせい》をつけた女の子が、ぼろぼろになったぬいぐるみを抱《だ》いて小声で歌を歌っていた。あの姿がいまも忘れられない。

作業のための時間は限られていた。暗くなる前に戦闘地を出なければならないのだ。結局、怪我人を連れ出すことはできなかった。危険すぎると当局が判断したせいだ。たくさんの人々が私たちを取りかこみ、泣いてすがってきた。「車に乗せて！　安全なところに連れていって！」

娘《むすめ》ふたりをトラックの運転手に預けようとする母親がいた。親も子も泣いていた。連れていけない理由を説明する運転手も悲しそうだった。でも、だれかひとりでも車に乗せて出発したら、なにが起こるかわからない。赤十字としては、そういう形で人々を危険な目にあわせるわけにはいかない。だから、どんなにつらくても、私たちは非情を貫《つらぬ》くしかないのだ。それが戦地で働くということなんだ、と実感した。

派遣の前に、私は赤十字国際委員会の各部署で短い研修を受けた。とても複雑な中東の政治情勢について説明を受けるのも、研修のひとつだった。レバノンにはキリスト教、イスラム教をはじめとしたさまざまな宗教を奉《ほう》じる人々がいて、そのそれぞれにさまざまな宗派がある。一九八二年の六月、イスラエルが〝ガリラヤの平和作戦〟としてベイルートとベッカー渓谷《けいこく》に侵攻《しんこう》した。そこに拠点《きょてん》を置いていたパレスチナ解放機構（ＰＬＯ）を追い出すためだ。結果、ＰＬＯは、アメリカの率いる多国籍《こくせき》軍が監視《かんし》を続けるという条件のもと、レバノンからの撤退《てったい》に合意した。イスラエル軍はレバノン南部に軍を退いた。サイダの北のその場所が、私たちの活動拠点になるときかされた。一連の戦闘や撤退に関連して、イスラム教ドゥルーズ派とキリスト教系民兵との紛争が起こっていたが、私は秘密保持の合意書にサインをし、その効力がいまも継続《けいぞく》しているので、あのとき見聞きした紛争がどんなものだったかを話すことはできない。

派遣の前に、私は遺言《ゆいごん》書を書かなければならなかった。それを知らされたとき、自分の仕事がいかに危険なものなのかを実感した。自分が戦地に派遣されることを両親に話すと、両親はがんばってこいと励《はげ》ましてくれた。心配しているそぶりはみせなかった。父は、私が人生を懸《か》けて取り組む仕事につけたことを喜んでいたようだ。父にいわせると、人生は山も谷もあってこそ。しかも自分より不運な人々を助けられるのなら、それほどすばらしい仕事はない、というわけだ。

その後まもなく、私は、故郷を追われた避難民が一〇万人ほど暮らすレバノン中部に派遣され、その地域内を忙《いそが》しく飛びまわっていた。怪我人を助けて安全な場所に避難させたり、入念な計画のもとに支援物資を配ったり。軍の司令官とも連携《れんけい》をとって、赤十字の車列が攻撃《こうげき》されないように停戦時間を設定してもらう必要もある。なにをするにも安全第一だから、戦線に近づいたり戦闘地に入ったりするときは、事前準備をしっかりして、その確認《かくにん》を二重にも三重にもするようにしていた。

検問を通る苦労は何度経験したかわからない。戦争中でも地域の人々の生活は続いている。市場に行ったり友人を訪ねたりするので、検問には長い列ができてしまう。問題は、ゲートがいつあくのかわからないという点だ。車に乗ったまま何日間も待ちつづけるなんてこともある。ゲートがあいても、一回に通してもらえるのはほんの数台だったりする。

そんなときは、ゲートに近づいていって、検問の兵士に交渉《こうしょう》しなければならなかった。自分が何者でなんのためにここにいるのかを話して、検問を通してもらうためだ。女を撃《う》ったりはしないだろう、と信じるしかなかった。民間人が撃たれたという話はよく耳にしていたが、私を撃ってもなんの得にもならないはずだ。「通っていいぞ」といわれて車に戻るまでのあいだも、生きた心地《ここち》がしなかった。歩いている私の背中に、銃口《じゅうこう》が向けられたままだということがわかっていたからだ。

しかし、通っていいといわれても、並んでいる車を追《お》い越《こ》して進むのは至難の業《わざ》だ。ある日、前置胎盤《ぜんちたいばん》の疑いのある妊婦《にんぷ》をベイルートの産婦人科病院に連れていったときは、本当に恐ろしい思いをした。何日間も閉じたままの検問の前にできた車列を避《さ》けるため、ほとんど垂直と思えるような急傾斜《けいしゃ》の山腹を登らなければならなかった。乗っていたのはプジョーの504。後輪駆動《くどう》の車だったので、急斜面《きゅうしゃめん》をバックで登るしかなかった。そんな経験のおかげで、私の運転技術はレバノン時代にみちがえるほど向上した。

盲腸《もうちょう》の疑いのある三十代の女性を、専門の病院に送りとどけたこともある。ベイルートにいる医療《いりょう》コーディネーターに無線で連絡を取って意見を求めたところ、村の医者がいうとおり、急いで専門病院に連れていったほうがいいとの答えが返ってきた。私は山の中腹にある女性の家を訪ねた。女性はリビングのソファに横になり、ひどく苦しんでいた。夫と母親が心配そうに見守るなか、私は彼女の腕に点滴《てんてき》針をつけて、抗生《こうせい》物質を投与《とうよ》した。まだ小さな子どもたちが、窓からこちらを覗《のぞ》きこんでいる。カーテンがそよ風に揺れる部屋で、女性の顔の汗《あせ》を拭いた。水が飲みたいといわれたが、与えるわけにはいかなかった。病院に着いたらすぐに手術になると思われたからだ。四〇分後、医療コーディネーターから連絡が入った。ベイルートにあるアメリカ資本の病院に連れてきてほしいとのこと。

すべての検問で止められ、名前をきかれ、患者《かんじゃ》はなんの病気なのかときかれ、行き先を確かめられた。心配そうな顔で車のなかを覗きこんでくる兵士もいれば、女性の苦しそうな声をきいても平気な顔をしている兵士もいる。とにかく急がなければ！　私は必死だった。やっとのことでベイルートの病院に着いたものの、救急処置室のスタッフに話が通じていないことがわかった。結局、例の医療コーディネーターにもう一度連絡を取って、女性の入院手続きをすませることができた。二週間後、あの山の中腹の家を訪ねてみると、女性に再会することができた。盲腸の手術は無事にすみ、いまは回復のために療養《りょうよう》中とのことだった。

派遣されてから三ヶ月目まで、私たちの主な仕事は、デイル・エル・カマールの難民の生活を守ることだったが、その後は〝ラマ作戦〟に取りかかった。ここの人々を安全な場所に移動させ、家族や親戚《しんせき》といっしょにクリスマスを過ごせるようにしよう、という作戦だ。村々に必要な物資を調査するのと同時に、緊急《きんきゅう》輸送用のトラックなどを利用して、人々を少しずつ移動させていった。冷たい雨や夜中の銃撃《じゅうげき》戦のなか、作戦は着々と進められた。そして十二月二十二日にはとうとう、残るすべての難民の救出に成功した。人々の顔は明るく輝《かがや》いていた。状況が改善すれば、そのうち故郷に帰れるかもしれない――そんな希望を持てたからだろう。

3

防空警戒地域

巨大な戦車に搭載《とうさい》された機関銃の銃口がぐるりと回転し、私とイブラヒムが乗っている救急車に向けられた。戦車に乗っている兵士の何人かは顔見知りだったので、私は笑顔《えがお》で挨拶《あいさつ》をした。ところが、彼らの表情は硬《かた》いままだった。

「ついてこい」ひとりが私たちにそういった。

冗談《じょうだん》だと思いたくて、私は笑い声をあげた。でも、笑えるような状況ではないことがだんだんわかってきた。前の週、赤十字の運転手のひとりが車からおろされて、兵士たちにひどく殴《なぐ》られるという事件があり、運転手たちがとても神経質になっているタイミングだった。何分か前、私たちの車列といっしょに行動していた赤十字国際委員会の使節団が、軍の司令官と話をつけるためにムサ城の検問に近づいていったところだ。イブラヒムと私が乗った救急車は車列の先頭。物資を載《の》せた大型トラックがうしろに何台も続いていた。あわてて無線機をつかんだものの、周囲を山に囲まれている場所なので電波が届かない。ベイルートの本部に連絡をとることはできなかった。兵士たちが苛立《いらだ》たしそうな表情で、私に向かって車からおりろというしぐさをした。

「おまえたちは残って、トラックを運転してついてこい」兵士たちは銃口をトラックの運転手に向けてから、空に向けて何発か発砲《はっぽう》した。本気だぞ、といいたいのだろう。

私は運転席に座りつづけた。「私はおりない。トラックの運転手を連れていくなら私も連れていってちょうだい」

兵士たちはみんな若くて顔見知りだし、いっしょにお酒を飲んだこともある。そんな人たちにひどいことをされるとは思わなかった。それに、いままでいっしょに働いてきた運転手たちを見捨てることはできなかった。しかし、次第《しだい》に不安が募《つの》ってきた。どこに連れていかれるんだろう？　そこでなにをされるんだろう？　無事にこの場を切《き》り抜《ぬ》ける方法なんてあるんだろうか？

兵士たちにいわれるままに車を脇に移動させた。すると幸運なことに、無線の電波を受信することができた。本部に連絡して一時間後、私たちは解放された。心からほっとしたものの、トラックに積んであった救援物資はすべて取り上げられてしまった。あの物資がどこに運ばれてだれにどう使われたのかはわからないままだ。

ある朝、赤十字国際委員会の医療コーディネーターと看護師がシューフ地方の定期巡《じゅん》察《さつ》に出かけていった。私はサイダの病院で在庫調査。書類の山に埋もれるようにして働いているとき、緊急の無線連絡が入った。医療コーディネーターたちの乗った車が沿岸の道路を走っていたとき、地雷を踏《ふ》んでしまったとのこと。私と使節団のひとりであるトーマスは別々の救急車に飛びのり、およそ一〇分後に現場に着いた。

近くの検問所に立ちより、レバノン兵から双眼鏡《そうがんきょう》を借りた。路肩《ろかた》に赤十字の車がみえるが、ひどい状態なのがわかる。しかも、山のほうから銃撃を受けている真っ最中だ。無線連絡によると、全員が負傷しているものの、そこから逃げて銃撃をかわせる場所に身を隠すことはできそうだ、とのこと。しかし、車から離れれば無線が使えなくなってしまう。

この状況からすると、山の上から銃撃をしている人々は、自分が撃っているのが赤十字の車だということに気づいていないのだろう。あわてて本部に連絡し、一時間ほど待つと、山の上まで伝令が届いたのか、攻撃がやんだ。私たちは幅《はば》一メートルほどの赤十字の旗とストレッチャーを持ち、現場に近づいた。しかし、いつ撃たれるかと不安でたまらなかった。敵がその気になれば、大きな旗が絶好の標的になるだろうから。

あたりをよく観察すると、車から二〇メートルほど離れたところに大きな網《あみ》のようなものがあり、そこから何本ものワイヤーが出ている。同行していたジャン・ピエールが、これは対人地雷だといった。車のそばの地面には大きな穴がふたつ。車に轢《ひ》かれて地雷が爆《ばく》発《はっ》したときにできたものだろう。

医療コーディネーターは脚に金属片《へん》を浴びていた。看護師は頭と腕に怪我をしていた。

もうひとりのスタッフも頭を切っていた。深い傷ではないが、出血がひどい。私たちは慎《しん》重《ちょう》にワイヤーや金属片を避けながら歩き、怪我人を救急車に乗せると、ベイルートの病院でレントゲンなどの検査と応急処置を行った。ちゃんとした治療はヨーロッパに引き上げてからでないと受けられない。

レバノンではたくさんの友だちができたが、なかでもとても仲良くしていたのは、イーヴァという陽気な白人男性だった。職業は義肢装具士《ぎし》。義足や義手を作る仕事だ。あちこちに地雷が埋まっている状況なので、腕や脚を失う人が多く、義肢の需要《じゅよう》が大きい。レバノンに赴任《ふにん》して一ヶ月ほどたったころ、私はイーヴァを含《ふく》む何人かのグループで食事を楽しんでいた。室内ではなくバルコニーでの食事だった。突然《とつぜん》、すぐそばの空に花火があがった。きれいだなあと思って空を眺《なが》めていたので、ほかのみんながあわてて室内に入ったのに気づかなかった。気づいたときには、イーヴァに腕を取られて部屋に引きずりこまれていた。

「なにをぼんやりしてるんだ？　あれは曳光弾《えいこうだん》だぞ！　隣町《となりまち》で銃撃戦が始まった」

頭から冷水を浴びせられた気分だった。あんなにきれいなものが、おそろしい曳光弾だったなんて。がたがた震《ふる》えていると、イーヴァが懸命《けんめい》になだめてくれた。そのときから、私は人づきあいを大切にするようになった。それまでにみた戦争映画のなかで、明日がみえない人々の感情は増幅《ぞうふく》されるものだと知っていたが、現実にそういう状況に置かれると、その効果は思った以上のものだった。

イーヴァからはいろいろなことを教わった。たとえば、車で戦線を通るときは、ガソリン車ではなくディーゼル車を使うこと。車が銃撃を受けてタンクに穴があいたとき、軽油ならただ穴から漏《も》れるだけだが、ガソリンには引火して、あっというまにタンクが爆発してしまう。また、医療コーディネーターの車が地雷を踏んだ際のことを話したときは、そんな現場に近づいていくとは、なんて無茶なことをしたんだ、といわれた。なにもないようにみえる道路でも、路肩からトンネルを掘るようにして、路面の下に地雷を埋《う》め込《こ》んであることもあるそうだ。

イーヴァのアドバイスのなかでいちばん心に残ったのは、自分の直感を信じろ、他人の判断を当てにするな、というものだった。「なにかおかしい、引っかかる――そう感じるときは先に進んじゃだめだ。立ち止まれ。怪我人はひとりでも少ないほうがいいんだ。わかるな？」この言葉をそれから何度思い出したかわからない。

イーヴァの赴任先が変わってレバノンからいなくなったときは寂《さび》しかったが、私はイーヴァの住んでいたアパートに住むことになり、そこでチエリというルームメイトを得た。チエリは細身でハンサムなフランス人。黒い巻き毛と立派な口ひげをたくわえた男性で、イーヴァと同じ義肢装具士だ。私たちは大親友になった。お互《たが》いが異性であることなんかまったく意識しなくていい、とても居心地《いごこち》のいい間柄《あいだがら》。一九八四年の一月の終わり、デイル・エル・カマールの人々の救出を終えたあと、私たちは四日間の休暇《きゅうか》をもらったので、エルサレムへ旅行に出かけた。人々でにぎわう平和な街をみて、レバノンがどんなに危険なところかをあらためて思いしらされた。いつも周囲に目を配って、緊張感を切らすことなく暮らす日々にすっかり慣れてしまっていたのだ。

銃声《じゅうせい》のBGMがきこえない世界は久しぶりだった。検問など通らずに移動し、夜遅《よるおそ》くまで外に出て食事を楽しむこともできた。迷路《めいろ》のような旧市街を歩いたり、市場で値段交渉を楽しみながら買い物をしたり、そしてもちろん〈嘆《なげ》きの壁《かべ》〉を訪《おとず》れたりもした。ベツレヘムにも足を伸ばしたし、死海に浮《う》かぶ経験もした。

しかし、休暇が終わればまた仕事。危険と隣《とな》り合《あ》わせの日々が始まった。二月の半ばになると、イスラエルの攻撃が激しくなった。サイダの郊外《こうがい》にあるパレスチナ難民キャンプが爆撃《ばくげき》され、黒煙《こくえん》が立ちのぼるのがみえた。そしてその翌日には、急降下爆撃がサイダの街を襲《おそ》った。爆撃機が上空から急降下してきては爆弾を落とすので、街の人々はパニックに陥《おちい》っていた。私は両親に「怖《こわ》くてどうしようもないんだけど、どこか、現実味がないの」と手紙を書いたのを覚えている。夜になるたび、マシンガンや爆弾の音が鳴りひびいていたものだ。

国際赤十字のスタッフの多くはティールに避難したが、私を含む一部のスタッフはサイダに残った。外出禁止の指示が出たのは、私がレバノンに来てはじめてだった。サイダに残ったスタッフのなかで、外国人女性は私ひとりだった。激しい攻撃が何日も続いたが、死者数は比較的《ひかくてき》少なくてすんだ。

四月になってようやく、サイダとベイルートを結ぶ沿岸道路の閉鎖《へいさ》が解かれ、私たちはシューフ山を経由することなく、短時間で行き来できるようになった。赤十字と地元の政府が協力して、道路に残っている地雷や岩や倒木《とうぼく》を取りのぞいたので、安心して通行することができる。ちょうどそのとき、ベイルートで重要な医療スタッフ会議があったので、私はフランソワ医師といっしょに会議に出席した。その帰り道、私たちはデイル・エル・カマールに立ちよった。そこはとても静かで穏《おだ》やかで、私の知っているデイル・エル・カマールとは別の場所のようだった。クリスマス前は難民たちがひしめいていたのに！　なんだか信じられない気分だった。

私がレバノンを去る日が迫《せま》っていた。五月半ばまでには次の看護師がやってくるから、仕事を引《ひ》き継《つ》ぐことになっている。私はとても複雑な気持ちだった。ここでの仕事、居心地のよかったアパート、大切な友だち――とくにチエリと別れるのが寂しくてならなかったからだ。あんなに気の合う仲間と暮らすのははじめてだったし、また、両親から遠く離れて暮らすのもはじめてだった。いずれはどこかに自分の家を持って暮らすとしても、そんな日はまだまだ先になるだろう。

4 ジャングル

一九七八年十二月十三日、昆虫学者《こんちゅうがくしゃ》のキャロライン・アッシュを含む数人の同行者とともに、パナマ運河の北端《ほくたん》にあるコロンという港に到着した。これからの調査旅行のことを思うと、期待で胸がはちきれそうだった。コロンに着いたのは夜。暗い水辺に、銃を搭載した小型船のシルエットがみえた。暗闇《くらやみ》のなか、タラップを昇《のぼ》って船に乗りこむ。デッキは油で汚《よご》れていたし、手すりは細くて頼《たよ》りないばかりか、一部が壊れていた。救命ボートはひとつしか置かれていないし、それもとても小さい。救命胴衣《きゅうめいどうい》でさえ二着しかなかった。私たちのだれも、これから一四時間もの長い時間をこの船で過ごすとは思っていなかったし、船にトイレがないことも知らなかった。

エンジンが鈍《にぶ》い音をたてて、船が動きだした。涼《すず》しい風が吹いて汗ばんだ顔をなでていく。燃料のにおいも気にならなくなった。コロンの町あかりが遠ざかっていくのをみながら、私は持ってきたサンドイッチを食べ、念のために酔《よ》いどめの薬をのんだ。運河の入り口まで来ると、岩場に押しよせた波が砕《くだ》けているのがみえたので、アノラックを着た。風が強くなるとともに波も高くなり、船はアヒルのおもちゃみたいに激しく揺れる。手すりの一部が壊れているので、しっかりしたものにつかまらなければならない。やっとのことで船の後方に移動してデッキに座りこみ、鉄のパイプに両脚をからめたものの、そこにいると波をかぶりっぱなしになる。そこで、一段高くなった荷物置き場に上がって、荷物と荷物のあいだに体を押しこんだ。みんなの姿がみえる。ひどい揺れのせいで酔って吐《は》いているのだが、吐いたものが風に吹《ふ》かれて自分の体に降りかかるというひどいありさまだ。私自身も気分が悪かったので、酔いどめをもう一錠《じょう》口に放りこんだ。過剰《かじょう》投与だろうが、どうでもいい。やがて、船が急に止まった。私はデッキ下のエンジンルームに逃げこみ、全身ずぶ濡《ぬ》れのまま眠《ねむ》りに落ちた。目覚めたとき、空は晴れ、海は穏やかになっていた。デッキに上がると陸地やほかの船がみえた。目的地のカレドニア湾《わん》に着いたんだろうか。いや、そうではなかった。エンジントラブルのせいで、船はコロンに引き返したのだ。

出直すことにはなったが、次は無事にカレドニア湾に到着した。カレドニア湾はまったくの未開の地だ。一六九八年、スコットランドが近くに植民地を作ったものの、入植がうまく進まなかったことと、病気や飢饉のせいで、たった九ヶ月で放棄《ほうき》することになったという歴史がある。

私たち一〇人あまりのチームの最初の仕事は、キャンプを設営し、飲み水を確保し、穴を掘ってトイレを作ることだった。男子トイレと女子トイレの別なんかない。プライバシーもない。だからといって、森に入ってこっそり用を足そうなんてしようものなら、すぐに迷ってしまうだろう。だから私はいつもキャロラインといっしょにトイレに行き、お互いが周囲からの目隠《めかく》しの役目をした。テントは小さいのを九つ張ればじゅうぶんだった。蚊帳《かや》を吊《つ》ったので蚊に刺《さ》される心配はなかったが、サシチョウバエは小さくて、蚊帳の編み目を通りぬけてしまう。体の露出《ろしゅつ》している部分が咬《か》まれまくって、まるではしかにでもかかったみたいになってしまった。

困ったのは水問題だ。顔や体を洗うのには海水を使うしかないから、肌《はだ》がいつもべたべたして、魚のにおいがしていた。スコールはまさに天の恵《めぐ》み。雨が降りだすと、私たちはテントの外に飛びだして、水を集めた。ひとりあたりバケツ一杯《ぱい》の水があればじゅうぶんだ。まずは体を洗い、次に髪を洗い、最後に服を洗う。すごく贅沢《ぜいたく》をしている気分がしたものだ。

私たちがキャンプを設営し、滑走路《かっそう》を整えたあと、パナマ国防軍の兵士たちを含む後続部隊が、四機の飛行機とヘリコプターで到着した。兵士たちは、女性である私がこの調査団の医療担当であることに驚いていた。サシチョウバエに咬まれた傷が膿《う》んだり、切り傷を負ったり、ウニのとげが刺さって抜《ぬ》けなくなったり、サソリに刺されたり――いろんな怪我の手当てをしたり注射を打ったりする私を、彼らはじっと眺めていたものだ。私の診《しん》療《りょう》所はあっというまに大人気になった。堂々と横になってゆっくり休める場所だからだろう。診療所は床屋《とこや》にもなった。まともなハサミを持っているのは私だけだったからだ。ジャングルのなかにもキャンプを設営した。ありがたいことに、蛇《へび》やサソリは人間を恐れてほとんど寄ってこないが、エキゾチックな色をしたカエルやトカゲ、甲虫《こうちゅう》やバッタなどはたくさんいた。サシチョウバエはベースキャンプより少ないかわりに、ここには大きなアリがいた。咬まれると大変なことになる。一ヶ所にじっと立っていないようにするのが大切だ。木陰《こかげ》に吊《つ》ったハンモックはとても快適だった。頭上には高さ四〇メートルを超《こ》える木々の葉が繁《しげ》り、日差しを遮《さえぎ》ってくれている。ジャングルの美しさは私の期待をまったく裏切らなかった。急流のあちこちが小さな滝《たき》になっていて、土手には蘭《らん》が咲《さ》きみだれる。羽の裏側は黒で表側は鮮《あざ》やかなターコイズブルーをした、大きな蝶々《ちょうちょう》がひらひら飛びまわる。赤い服を着てじっと立っていると、独特な羽音を立てながらハチドリが近づいてくる。

私たちは木々の枝や梢《こずえ》のあいだをロープや板でつないで、人が歩ける通路を作った。診療所での私の仕事は基本的に朝と夜だけだったので、昼間は私も通路作りを手伝った。通路の高さは地上三〇メートル以上。長さは四〇メートルから五〇メートル。板の幅は五〇センチほどだ。使うのは金属の板なので、衣服や手足を引っかけて切り傷を作ることがよくあった。二本目の通路作りが始まったとき、私も通路に上がって作業をするようになった。通路はすごく揺れて怖かったが、そのうち慣れてきた。一日八時間の作業を毎日続けていると、両手がたこだらけになった。それでも、この作業が楽しくてたまらなかった。

とはいえ、怖い思いをすることもあった。ある日、私はひとりで木に登っていた。まだ通路を渡《わた》す前の木に三〇メートル以上の高さまで登ったあと、幹にからみついている蔓《つる》植物《しょくぶつ》を伝って、さらに二メートルほど登った。そこからみる景色は最高だったが、そのあとが大変だった。手が滑《すべ》って枝から落ちたのだ。命綱《いのちづな》がなかったらどうなっていたかわからない。

三つ目の通路を作るときは、高さ三六メートルのところにメインロープを固定する土台を設置してきてほしいといわれた。

「難しいし危険な仕事だから、怖かったらやらなくてもいいよ」といわれた。

そういわれて断るわけにはいかない。迷わず「やるわ」と答えた。

木の幹にはすでに鉄の釘《くぎ》がずらりと打ちこんであって、それを梯子《はしご》代わりに登っていけるようになっていた。滑車《かっしゃ》装置も設置済みだ。仲間のひとり、マイクが先に上まで行ってから、体にロープをつけた私を引きあげる。枝や木の葉や蜂《はち》の巣《す》のあいだをすりぬけるようにして上へ上へと引きあげられた。私は大枝にまたがって体を安定させると、命綱をつけて、作業に取りかかった。私の頭上でマイクも作業をする。一時間半ほどでやるべきことを終えると、マイクが先に地面に下りた。次は私だ。滑車装置のロープを体につけて、ゆっくり下りていく。すると、地上八メートルほどのところでロープが突然からまって、動けなくなった。いちばん上の滑車装置のところで、ロープに結び目ができて引っかかってしまったらしい。しかたなく上まで戻り、ロープを直そうとした。しかし、体からロープをはずした瞬間《しゅんかん》、ロープが勢いよく手をすりぬけて、下まで落ちてしまった。下から怒《ど》鳴《な》り声がきこえた。

目に涙《なみだ》があふれてきて、視界がぼやけた。恐怖で全身が震える。高さは三五メートル。つるつるした枝に座った私は、地面に下りるための手段をなくしてしまった。しかも、アリが脚を這《は》いあがってくる。サシチョウバエやクモもいる。払《はら》いのけたくても、へたに手を動かしたら落ちてしまいそうだ。口のなかがからからになって、全身が冷《ひ》や汗《あせ》でぐっしょり濡れていた。やがて、マイクがまた登ってきて滑車を直してくれた。おかげで無事に下りることができたものの、そのあとも私の足は震えつづけていた。

その日は午後もその木に登り、通路を作る作業の続きをした。人間は、必要に迫られればなんでもできるし、どこまでもがんばれるものなんだ——私はパナマでそれを学んだ。

その後私は謎《なぞ》の高熱を発し、パナマシティの病院へ運ばれた。一ヶ月たってようやくついた診断《しんだん》はレプトスピラ症。ネズミの尿《にょう》を介《かい》してかかる病気らしい。病院のベッドに横になったまま、私はこの二ヶ月のあいだに経験したことを思い返していた。一日の仕事を終えてハンモックに倒れこむ瞬間。キャンプファイヤーのそばで飲む紅茶の味。川の上をコウモリが飛びかう光景。木々のあいだからみえる星空。回復しキャンプに戻ると、意外なことを知らされた。三番目の通路には私の名前がつけられていた。〈バーチンガー・ウォーク〉。あのときの感動は忘れられない。

パナマでの日々には、私がずっと求めていたものがあった。冒険《ぼうけん》だ。自分の限界を超えることもできた。チームの一員として認めてもらえたし、その結果、パプアニューギニアでの任務をオファーされたのがなによりうれしかった。イギリスに戻る飛行機のなかで、私は、誕生日に両親が額装してプレゼントしてくれた、あるイギリス空軍のパイロットの詩を思い返していた。

私は地球の束縛《そくばく》から解きはなたれて
銀翼《ぎんよく》にのっていくつもの空を舞《ま》い、笑った
太陽にむかって高度を上げ
日差しを浴びて楽しげに踊《おど》る雲とともに
さまざまなことをした
そう、だれも想像さえできないようなことを、たくさん……

5 病との闘い

家に帰るまでに、片側の頰《ほお》が腫れてこぶのようなものができていた。熱帯性の感染症だろう。そう思って病院に行ったが、生検のために組織を取るときに唾液腺《だえきせん》が損傷を受けて、機能しなくなってしまった。そこで私は頰に穴をあけられ、そこから唾液を排出《はいしゅつ》するしかなくなった。食事のときはあごにお皿をあてて、唾液を受け止めていなければならない。何ヶ月もかけて治療を試みたものの、うまくいかなかったので、結局は唾液腺を摘出《てきしゅつ》することになった。これはかなり大がかりな手術で、回復するのに少し時間がかかった。やっとのことで家に帰ったときは本当にうれしかった。なつかしい家族。空気のにおい。庭で育った果物や野菜。遠く離れているあいだ、恋《こい》しくてたまらなかったものばかりだ。でもその一方で、パプアニューギニア行きが遅《おく》れていることへの焦《あせ》りも感じていた。

一九七九年の十月、私はとうとうパプアニューギニアに飛んだ。ラエから海岸沿いに二時間の船旅でブソに到着。ここにキャンプが設営されていた。森にはもう吊り通路が三本も作られていた。チームの目的は、熱帯雨林の複雑な生態系を研究し、植物のサンプルを採集し、昆虫やコウモリをつかまえること。私は前回と同じく診療所を開くことになっていた。調査チームのメンバーだけでなく、村人たちの診察《しんさつ》もする。

最初の四日間で、マラリアの患者を四人みた。それをのぞけば、患者のほとんどは発熱や傷の感染を訴《うった》えていた。ある日、キャンプの近くに桟橋《さんばし》を作るための木材を集めるために川を上っていると、手作りのカヌーに乗せられた村の少年に出会った。なたで脚を切ってしまったとかで、ひどい怪我をしていた。私は少年を診療所に連れて帰り、ペニシリンを投与して傷口を縫合《ほうごう》してやった。村の子どもたちがマラリアで発熱したときは、薬をジャムに混ぜて飲ませたものだ。下痢や嘔吐に苦しむ村人も多かった。そこらじゅうをハエが飛びまわっているのだから、無理もない。オートミールを煮《に》てポリッジを作ろうとしたら、蛆虫《うじむし》がいっしょに煮えている——そんなことは日常茶飯事《にちじょうさはん》だったし、トイレにも蛆虫はいた。いくら掃除《そうじ》をしてもいなくならないのだ。

地元の人々の健康管理に関われるのは大きな喜びだった。手を洗ったり傷口を清潔にしたりすることの重要性を教えた。家庭での看護の基礎《きそ》を覚えたがっている女の子がいたので、石けん、消毒薬、クリーム、ガーゼ、包帯、ギプス、アスピリンなどの使いかたを実演してみせた。女の子は字が読めなかったので、クリームやローションのいろんなにおいを教えたり、薬の投与量を絵で説明したりした。たとえば、おとなの横に錠剤《じょうざい》をひとつ、子どもの横に錠剤を半分、赤ちゃんの横に錠剤を四分の一、という具合に絵を描いた。

唾液腺の手術のせいで、もともとは半年滞在《たいざい》する予定だったパプアニューギニアを、たった六週間で去ることになってしまった。とても残念だったが、幸いなことに、その後に計画されていたインドネシアでの調査プロジェクトにも加えてもらえた。先行隊として、スラウェシ島中部のコロノダーレに赴くと、そこは人口四〇〇〇人ほどの大きな村だとわかった。その半分は子ども。小さな小屋か、〝ブギー〟と呼ばれる長さ六メートルほどのボートで暮らしている。身なりからも貧しいことがわかるが、とても気さくで朗《ほが》らかな人々だった。

英語教師のマリアから頼《たの》まれた荷物があったので、それを届けるために教会に行った。マリアが流暢《りゅうちょう》な英語で説明してくれたところによると、この土地の女性は女性同士しかおしゃべりができないとのこと。英語教師としての給料は月二〇ポンドに満たないが、エコノミストである夫も、ここでは仕事がほとんどないから収入もわずかしかないそうだ。私は土地になじもうとして、体に布を巻きつける〝サロン〟と呼ばれるタイプの服を着ていったが、マリアによると、それは小作農が着る服で、教会には洋服を着てくるのがいちばんいいとのこと。地元の人たちが私をみておもしろがっていたのはそういうわけだったのか。恥《は》ずかしくて、穴があったら入りたい気分だった。

マリアはそれから毎日のように、仕事を終えた私を連れだして、仕事に役立ってくれそうな人たちに紹介《しょうかい》してくれた。訪問した家では必ずお茶とお菓子《かし》が出されて、遠慮《えんりょ》すると相手を怒らせてしまう。どこに行っても子どもたちが寄ってきて、「ハロー、ミスター」と声をかけてくる。私は「ハロー、ミス・クレアよ」と教えてあげた。歌やダンスを楽しんだこともある。私の西洋風のダンスを、集まってきた人たちが目を丸くしてみつめていたものだ。

人の住む場所で、これほど辺鄙《へんぴ》なところはみたことがなかった。テレビや映画、電話、銀行など、現代社会らしいものが皆無《かいむ》だし、商店だって数えるほどしかない。外部の世界と連絡をとる方法はHF無線かモールス信号だけ。そんなところでも、キャンプ設営は着々と進んでいった。地元の人々の協力が得られたのも大きかった。そして一月のある日、科学者たちを含む後続部隊がキャンプにやってきた。いよいよタンブシシ山（標高約二四〇〇メートル）の探検《たんけん》が始まる。

はじめはなんの問題もなかった。暑さのせいで山登りはきつかったものの、何度も休憩《きゅうけい》をとりながら歩いていった。清流のほとりで昼の休憩を楽しむことにした。ランチをすませたら、川のむこうに進むことになっていた。腰《こし》の高さまで伸びた草むらをかきわけていくことになるだろう。そう思って景色を眺めていると、突然、だれかが走っているのがみえた。ワナ族の女性だ。長い筒《つつ》のようなものを二本持っている。狩猟《しゅりょう》用の吹《ふ》き矢《や》の筒だ。毒《どく》を塗った矢を使うときいたことがある。私たちと同行していた地元民のガイドのひとり、ハマという男性が彼女に声をかけ、話をきいてきた。戻ってきたハマがいうには、ワナ族は白人を忌《い》み嫌《きら》っているそうだ。一九五〇年代、彼らはオランダ人の兵士たちに襲われ、多くが命を落とした。ここを通るのは危険だ、とハマはいう。しかし、いつのまにか女性は姿を消していた。

じりじりと照りつける日差しの下、次の尾根《おね》まで移動した。ワナ族の女性がひとりと子どもがふたり、小さな小屋から駆《か》けだしていくのがみえた。ハマが追いかけていって話をすると、三人はおそるおそるという感じで戻ってきた。子どものひとりは首のうしろにひどいおできのようなものがあった。二年前になにかの動物に襲われたときにできた傷が化《か》膿《のう》して、まだ治らないのだという。私は患部《かんぶ》を消毒してから、母親に石けんを渡して、毎日洗ってやりなさいといった。もっときちんと手当てしてやりたかったが、その場ではそれが精一杯《せいいっぱい》だった。

日が暮れると、昼間とは別の川辺でキャンプをした。私は疲《つか》れていたが、充実感でいっぱいだった。この調査団のなかに女性は私ひとりだけ。でもいまのところだれにも迷惑《めいわく》をかけていないし、自分の荷物は自分で運んでいる。食糧、医療器具、無線機、寝袋《ねぶくろ》など、合わせて一五キロほどの重さがあった。

翌朝は早く出発したが、午前十時までに、調査団のひとり、鳥類学者のビルがリタイヤした。脚がつって、これ以上進めないと判断したのだ。インドネシアの兵士ウストゥムとふたりで昨夜のキャンプ地に残ることになった。これでメンバーは七人になった。棘《とげ》だらけの植物に覆《おお》われたきつい斜面《しゃめん》を登っていく。みんな、汗まみれだった。休憩のときに脈をとると、私の脈拍《みゃくはく》は一三八、ほかのみんなの脈はもっと速くなっていた。

その翌日は、キャンプ地に荷物の大部分を残し、必要最低限のものだけを持って、熱帯雨林の斜面をさらに登りつづけたが、今度はハマが熱を出した。ガイドのミンダンとともにキャンプ地に戻っていったので、残るメンバーは五人。疲れはてた体に鞭《むち》を打つようにして、ひたすら登る。夜には雨が降ってきた。風も強くなったせいで、急に気温が下がった。夜半には私の体ががたがた震えはじめたのをみて、男性隊員のひとりが、自分の寝袋でいっしょに寝《ね》ようと提案してきた。こういう場合のサバイバル・テクニックなのだという。その男性が好きなわけではないが、とてもうれしかった。それくらい寒かったからだ。

翌日、やっとのことで山頂にたどりついた。眺めは息をのむ美しさ。世界のてっぺんに立っているのではないかと思うほどだった。ここまで来るのがこんなにきついと最初からわかっていたら、絶対にチャレンジしなかっただろう。でも、こうして登頂に成功したいま、確信した。絶対にやりとげるという強い意志があれば、道は必ずできる。私は、タンブシシ山に登った女性第一号になったのだ。

ラヌ・キャンプに戻ったあとは、とくに変わったことのない生活だった。森に作った空中の通路を歩いて、科学者たちがさまざまな調査をする。インドネシア政府に協力して、この広大なジャングルの地図を作るという仕事もあった。そんななか、通信士のケルヴィンが、ひどい耳痛《じつう》を訴えはじめた。

川で泳いだときになにかに感染したのではないか、というのが本人の考えだった。川は住人たちが体を洗ったり汚物《おぶつ》を流したりもするので、汚染《おせん》されていたからだ。しかし、私が外部の医師に連絡をとって彼の症状《しょうじょう》を説明したところ、乳様突起炎《にゅうようとっきえん》ではないかという答えが返ってきた。耳のうしろの突出《とっしゅつ》した骨である乳様突起の細菌《さいきん》感染だ。専門の医師にみてもらう必要がある。ケルヴィンはショックを受けていた。もしもこのまま治らなければ、軍のパラシュート部隊に入るという夢をあきらめなければならなくなるからだ。キャンプ地から一五〇キロほど離れたソアルコという町に、コロノダーレの病院より設備も人員もずっと整ったアメリカ資本の病院がある。私たちはそこへケルヴィンを運ぶことにした。ヘリコプターをチャーターし、なるべく低空を飛ぶようにパイロットに頼んだ。でないと鼓膜《こまく》が傷ついてしまう。

雨が降り、雷《かみなり》が鳴っていた。山の上を低空飛行しているのに、視界がまったくきかない。これでは目的地がどこにあるのかもわからない。どうしようかと思っていると、突然雨がやんだ。視界が開けて、遠くのほうに大きな湖がみえた。ソアルコの町はそのむこうだ。驚いたことに、上空からみるソアルコの町はとても整然として、まるでアメリカのどこかの町のようだった。私たちは学校の校庭にヘリコプターを着陸させてもらった。

病院は清潔でモダンで、看護師たちの白衣もしみひとつなかった。ケルヴィンが個室のベッドに寝かされると、私は看護師長の厚意《こうい》で入浴をさせてもらった。そのあとは豪華《ごうか》な食事。焼きたてのパンと、本物のバターとハム。アイスクリーム、リンゴ、絞《しぼ》りたてのオレンジジュース。ちょうどマンゴーの季節だったので、一日二個も三個も食べたものだ。抗生物質をたっぷり投与されたケルヴィンは次第に回復し、五日後にはキャンプに戻ることを考えはじめた。しかし、ヘリコプターはもうない。飛行機で帰るには遠回りをしなければならないから十日はかかる。つまり、歩いて山越《やまご》えするしかない。

朝の五時半に病院を出た。モーターボートで湖をわたったあとは、草原を抜けて、ジャングルに覆われた山を越えることになる。ガイドいわく、歩きやすい道だよ、とのことだったが、このところの長雨のせいで、地面は沼地《ぬまち》のようにぬかるんでいた。私たちの脚は膝《ひざ》まで泥《どろ》に埋まり、ときには互いに引っ張らないと動けなくなるほどだった。最悪なのは、ケルヴィンのリュックにビールの缶《かん》が何本も入っていたことだ。キャンプにはビールがないので、友だちのお土産《みやげ》として持って帰るつもりだったらしい。結局はそれをその場に置いていくことになり、ケルヴィンはがっかりして涙を浮かべていた。やっとのことで五五キロ先のポノという村にたどりつき、一軒《けん》の家で休ませてもらった。食事とお茶をごちそうになっていたとき、テーブルの上に奇妙《きみょう》な瓶《びん》があることに気がついた。なかに一五センチほどの動物の胎児《たいじ》が入っている。家人に尋《たず》ねると、それは犬の胎児だとわかった。アルコール漬《づ》けにして、そのアルコールを強壮剤《きょうそうざい》として飲んでいるとのことだった。

それからまもなくラヌ・キャンプでの滞在が終わったので、私はイングランド東部、エセックスの静かな田舎町に帰った。将来のいろんな夢をみながら子ども時代を過ごしたなつかしい場所。将来の冒険の種はすべて、すでにこの家の庭に蒔《ま》かれていたのだろうと思った。

6 家族

　私の父方の祖父チャールズ・バーチンガーは、一八九八年、二十歳《はたち》のときにスイスからロンドンにやってきた。無一文で、イギリスで運試《だめ》しをするつもりだったらしい。祖母もスイス出身で、フランス語を教えるためにイギリスに来ていた。そしてふたりは知り合って恋に落ち、ロンドン北東部のハーリンゲイで暮らしはじめた。一九一五年、私の父のジョンが生まれた。七人きょうだいの四番目だ。

　一九二〇年代に、祖父は絹織物《きぬおりもの》の会社を興《おこ》した。その後戦争が始まると、ロンドンを出てエセックスのシアリングに、家と五エーカーの土地を買った。いまでもそこが私の実家というわけだ。ロンドンに残していたC・バーチンガー株式会社はロンドン大空襲《くうしゅう》の被害《ひがい》を受けたので、その後は新しい土地がみつかるまでの間、会社を自宅の敷地内に移した。敷地内には農場があり、ニワトリやウサギやミツバチもいた。祖父のスイスの実家は農業をやっていたので、その経験が役に立ったらしい。必要な野菜や果物を自分の家で育てて、自給自足の生活ができるようになったそうだ。

父は一九三一年にロンドン北部の学校を卒業したあと、スイスのローザンヌに留学し、そのままスイスの軍隊に入ったあと、イギリス軍に入隊した。ノルマンディー上陸作戦のあとはずっと北西ヨーロッパで従軍していたが、休暇で家にいたとき、母のルネ・ホワイトと知り合った。母はロンドンのイーストエンド出身で、父親はビリングズゲイトの魚市場で働いていた。母の祖父の名前はナイチンゲール。フローレンス・ナイチンゲールの子孫にあたるというのが一家の自慢《じまん》だが、本当かどうかはわからない。

両親は一九四四年一月二十三日、ロンドンのスイス教会で結婚《けっこん》した。一九四七年に長男のアンドルーが生まれ、その後、次男のリチャード、長女のアン・マリー、そして私が生まれた。そのころには父は家業を継《つ》いでいて、自宅から毎日ロンドンに通勤していた。

私は幸せな子ども時代を過ごしたと思う。ショートヘアのおてんば娘だったが、ひとりで過ごすのが好きだった。庭仕事を手伝ったり、家のまわりの森や原っぱで遊んだり。木登りをしたり動物をつかまえたり、基地を作ったり、たき火をしてリンゴを焼いたりしたものだ。兄のアンドルーは反抗《はんこう》的な子どもで、いいつけを破っては父親を怒らせていた。リチャードは物静かなタイプで、放課後はいつもピアノやバイオリンの練習をしていた。家の外では、姉のアン・マリーが私を守ってくれていた。だれかが私をいじめてきたら、必ず姉がその子から守ってくれる。私は姉の陰《かげ》に隠れて目立たないようにしていたから、手のかからないいい子だと思われることが多かった。

父は私たちをいろいろな面で自立させたかったようだ。自転車のパンクの直しかた、地図や時刻表の読みかた、芝刈機《しばかり》の使いかたやガソリンの入れかた、電球の変えかた、薪の割りかた――さまざまなことを教えてくれた。私が運転免許《めんきょ》を取ったときは、タイヤ交換《こうかん》やオイルのチェックも自分でできるようになりなさいといって、ひとつひとつ教えてくれた。

父本人はイギリス生まれのイギリス育ちではあるが、祖父母がスイス人の誇《ほこ》りを大切にしていて、父もそれを受け継いでいた。服装から生きかたにいたるまでのすべてにおいて、合理的で無駄がなく、きちんとしていること――それが父のモットーなのだ。自分にスイスとイギリスの二重《にじゅう》国籍《こくせき》があることだけでは飽《あ》き足《た》らず、子どもたちもそうするべきだと主張した。私は子どものころはその重要性がわからなかったが、いまとなっては、それは父からのなにより素敵《すてき》な贈《おく》り物《もの》だったと思っている。スイスの国籍があるおかげで赤十字国際委員会のスタッフになれたのだ。そうでなければ、いまごろまったくちがう人生を送っていただろう。

母はいつも家事を完璧《かんぺき》にこなしていた。父は朝八時の電車で仕事に出かけ、夜の六時半に帰ってくる。そのあいだに家をぴかぴかに掃除して、食卓《しょくたく》に夕食を並べておく。母は料理が得意だった。私の誕生日に作ってくれたスイスのチーズを使ったタルトやチョコレートのビスケット入りケーキはとくにおいしくて、いまも忘れられない。サラダのドレッシングもいつも手作りで、正統派のフレンチドレッシングを作っていた。キッチンには、フォンデュ鍋《なべ》やにんにく絞り器、コーヒーやホットチョコレート用の特別大きなマグカップなど、ちょっと変わったものがたくさん並んでいたものだ。

母は常になにかのボランティア活動に関わっていた。お年寄りの送迎《そうげい》をしたり食事を配達したりといった活動だ。一九七〇年代には、ウガンダから到着する難民に暖かい衣類を届けるために、夜遅くに空港まで出かけていったのを覚えている。サイズの合うコートや手袋《てぶくろ》をみつけるのに苦労したそうだ。困難なことにも正面から向かっていくタイプで、なにかに迷ったときはいつも「山は眺めているのではなく、登るものよ」といっていた。母にはよくいう言葉がもうひとつあった。「チャンスの女神《めがみ》には黄金の髪が一本だけ生えているから、みつけたらすぐ引《ひ》っこ抜《ぬ》け」というものだ。

母が私に教えてくれた大切なことのひとつは、がむしゃらにがんばるだけでなく、ときにはひと休みして楽しむ余裕《よゆう》を持つ、ということだった。母がよく引き合いに出す話があった。「あなたたちのおばあちゃんはすごく働き者だったけど、ある日、私が凧揚《たこあ》げをしたいといったら、その日の仕事を全部あとまわしにして、いっしょに凧揚げをしてくれたのよ」そして母自身も同じように、私たちのために時間を割《さ》いていっしょに遊んでくれたものだ。

兄のひとりが蛇口《じゃぐち》を締《し》めわすれてキッチンが水浸《みずびた》しになってしまったとき、母はその失敗を怒るのではなく、私たちをテーブルに上がらせた。テーブルをボートにみたてて、避難ごっこをして遊ばせてくれたのだ。父の帰りが遅くなるときは、暖炉《だんろ》のそばの床《ゆか》にテーブルクロスを敷《し》いて、ピクニックのようにして夕食を食べさせてくれた。なにをしているときでも、家のなかには音楽が流れていた。私が大きくなってダンスパーティーに行くようになると、母は私のドレスをデザインして縫《ぬ》ってくれた。家族が大好きで、どんなときも楽しいことをみつけようとする人だった。

私は学校に行くのが苦痛だった。読み書きをなかなか覚えられなかったからだ。当時はディスレクシア（読み書き障がい）という言葉が一般《いっぱん》的に認知《にんち》されていなかったので、単に勉強を怠《なま》けているだけと思われがちだった。自分がディスレクシアだと気づいたのは、学校に上がって何年かたったころ、スーザン・ハンプシャーの自伝を読んだときだ。読み書きに苦しんでいたという記述があり、それがまさに私の状況と同じだった。私が学校に行くのをあまりに恐れているので、両親は私にこっそりぬいぐるみを持たせてくれた。母の親友が作ってくれたサルのぬいぐるみで、大きさは一〇センチくらい。茶色くて、ふわふわの手触《てざわ》りが心地よかった。私は父から〝おサルさん〟と呼ばれていたくらい、小さなころからサルが好きだった。だから、そのぬいぐるみをポケットに入れていると心が落ち着いた。それはその後もずっと私といっしょにいて、世界中を旅している。

それでも、学校では苦労の連続。先生が話していることが、私には難しすぎて理解できない。まるで大きな迷路に放りこまれて、みんなは出口へとすいすい歩いていくのに、私だけ迷いつづけているような感じ。あるいは、どこかの外国に連れていかれて、まわりの人たちがなにを話しているのかわからないような感じ。そのうち、ストレスのせいで顔面が痙攣《けいれん》するようになってきた。そういうときは両手で顔を隠そうとしたが、先生にはなおさら叱《しか》られるだけだった。

どんなにがんばっても結果なんて出ない。そのせいで父にいつも叱られるようになった。父はフランス語の単語や英語の文法、数学の公式やなにかを私に必死で教えようとするが、私にはその意味がまったくわからない。そうすると父はいらいらして怒りだし、私が泣いて終わりになる。わかってくれるのは母だけだった。母はいつも「だいじょうぶよ、クレア。がんばったわね」といってくれた。でも、学校の成績ばかりはどうにもならない。通知表には「もっとがんばりましょう」とか「努力が足りません」と書かれてばかりだった。

結局、十六歳で学校をやめることにした。でも、そう決断したことを後悔《こうかい》はしていない。そのときまでに、自分は看護師になると決めていたからだ。おばの協力もあって、ラフトン・カレッジのそばに看護学校をみつけ、そこに入ることができた。

7 看護師への道

赤十字の印をつけた救急車が爆走《ばくそう》し、勇敢《ゆうかん》な医師や看護師が銃弾《じゅうだん》の雨をくぐりぬけながら怪我人を助ける——兄のマンガの一場面を読んで、私は想像力をかきたてられた。それだけではない。チャリティ団体が売っているレターセットに印刷された、ビアフラ共和国の赤ちゃんの笑顔も印象的だったし、なにより、スイスのいとこがアフリカで経験した話や、世界改革派教会同盟の総書記になったおじの話をきいたことが大きかった。水道やまともなトイレもないところで、手づかみでものを食べるような生活に、私の冒険心はくすぐられた。

一九六六年に通いはじめた看護学校には冒険の要素などかけらもなかったが、とにかくがんばって資格を取る必要があった。学校の勉強は実践《じっせん》に重きを置いていて、週に一日は近くの病院で働くことになっていた。それとは別に、基礎科目としての生物学、英語、社会学といった勉強もあったものの、それまでの学校の勉強よりもずっとスムーズについていくことができた。図解やグラフを使うものはよりわかりやすい。そのかわり、読んだり書いたりといったことは、どんなに短いものでも苦手なままだった。ほかの人たちの十倍努力して、やっと同じ結果が出せる。それを人に知られたくなくて、ディスレクシア（読み書き障がい）のことはだれにも話さなかった。いまでも、アカデミックな職業の人たちといっしょに仕事をするようなとき、ディスレクシアだと認めるのをためらってしまう。

驚いたことに、私は看護学校の基礎コースをストレートで修了《しゅうりょう》することができた。次は実習コースを履修《りしゅう》する病院選びだ。選択肢《せんたくし》は自然と絞られる。入学試験のないところ、というのが絶対条件だ。そのなかのひとつ、パディントンにあるセント・メアリ病院を選んだ。病院は古くて、新しい病院になら必ず設置されているような医療機器が揃《そろ》っていない。海外で働くようになれば、むしろそういう環境《かんきょう》が当たり前だろう——私はそう思ったし、そういう意味ではまさに私にうってつけの病院だった。ただ、面接では冷や汗をかいた。最近読んだ本はなんですかときかれたのだ。私は生涯《しょうがい》で一冊も本を読んだことがない。でも、母が話していた『ミケランジェロの生涯——苦悩と歓喜《かんき》』という本のことを思い出して、まるで自分が読んだかのように詳《くわ》しく話すことができた。そして、その病院に受け入れてもらうことができた。

担当する病棟《びょうとう》はとても大きくて、ベッドが四〇ほどもあった。シフトに入ると、ほかの看護師とペアを組んで、患者たちの脈をとり、体温を測る。次は排泄《はいせつ》の世話。その次は体液バランスのチェック。すべての手順が細かく決まっていた。効率を重んじるスイス人の血のおかげなのか、私にとってはそういう仕事のやりかたがとても合っていた。ルーティーンワークが得意なせいもあるだろう。ただ、異常なほど口うるさい先輩《せんぱい》もいた。たとえば私が小児《しょうに》病棟でリネン室の整理をしたとき、先輩看護師がそれをみて、「こんなんじゃだめよ。折り目は全部同じ方向になるように並べてちょうだい」といった。ベッドメークも似たような調子だった。枕《まくら》カバーの口は病室のドアのほうを向いていなければならないという。そんなルールがあるなんて、そのときまで思ってもみなかった。

末期の患者や慢性《まんせい》疾患の患者をみるたび、とてもつらい気分になって、よく母に電話をかけたものだ。彼らの痛みやつらさを取りのぞいてあげられない、助かる可能性を高めてあげることもできない、と。そういうわけで、私は耳鼻《じび》科《か》の病棟のほうが好きだった。入院してもせいぜい一週間くらいで退院していく患者がほとんどだったからだ。

人工肛門《こうもん》（ストーマ）をつけた患者をはじめて看《み》たときのことを覚えている。傷口にばい菌《きん》が入って赤く腫れ、ひどいにおいをさせていた。私は患部のガーゼを毎日取《と》り替《か》えることになっていた。患者は母と同い年くらいのロンドン出身の女性で、現実的な考えの持ち主だった。陽気な子どもが三人いて、しょっちゅうお見舞《みま》いに来ていた。私は先輩看護師にストーマの換《か》えかたを習って患者に教えた。ふたりいっしょに学んだようなものだ。やがて患者は回復して、退院していった。

また、サッカーに全情熱を捧《ささ》げる若者のケアをしたことも記憶《きおく》に残っている。働いている建築現場で足場から落ち、背骨を損傷《そんしょう》した。首から下が麻痺《まひ》してしまい、自分ではなにもできない状態だから、二時間おきに体位を変えてあげなければならない。長く同じ格好《かっこう》で寝ていると、床《とこ》ずれができてしまうのだ。その患者は、悲しそうな顔の両親や友人たちに冗談をいい、気分を軽くしていた。夜になると、私は甘《あま》い飲み物を作ってストローを挿《さ》し、それを若者に渡して、おしゃべりをした。昼間と違《ちが》って、ひどく暗い顔をしていたものだ。それでも、一年以内にはサッカーのピッチに戻れるという望みを捨てずにいるようだった。医師たちからは、もう二度と歩けるようにはならないということを本人が知っているはずだときかされていたが、私もなるべく彼を励ますようにした。彼がその後どうなったかはわからない。あんなに若い人があんなことになるなんて。そういうケースをこの目でみたのははじめてで、いまも忘れられない。

最後のテストに合格したあとは、産科の病棟で働いた。赤十字で働くなら、助産師の資格が必要だ。でも、妊婦や赤ん坊の世話をするのは苦手だったし、助産師の仕事には膨大《ぼうだい》な専門知識が必要で、私には覚えられそうにないとわかった。海外で働く夢はもう叶《かな》わないんだろうか——そう思ったとき、ある雑誌の記事で、オーストラリアのフライングドクターという事業のことを知った。おもしろそうだし、少なくとも海外の仕事だ。ただ、雇《やと》ってもらうには飛行士の資格が必要らしい。

実家から車で四五分のところに、ステープルフォード・トーニー飛行場があって、そこで一回五ポンドのお試しレッスンを受けられるとわかった。さっそく受けてみると、すっかり夢中になってしまった。病院からもらえるわずかな給料のほとんどを、一回一二ポンドのレッスンにつぎこんだ。食事はゆで卵と缶詰《かんづめ》の豆だけ。しっかり食べたいときは実家に帰る——そんな生活を続けた。私は小柄《こがら》なので、足元のペダルを踏むと体が沈《しず》みこみ、前方のスクリーンがよくみえなくなってしまう。そこで、ガレージセールでみつけた安楽《あんらく》椅子《いす》用のクッションの形を整えてシートに重ねることで、問題を解決した。飛行機、エンジン、気象学、航空法といった勉強もしなければならなかった。看護実習の合間をみつけてはテキストを開いたり、練習に通ったりした。

とはいえ、飛行士訓練所というのは圧倒的《あっとうてき》な男社会だ。私はできるだけ溶《と》けこもうとした。髪をまとめたり、化粧《けしょう》をせずに出かけたり。それでも「女が飛行士になってどうするんだ?」みたいな質問は避けられない。ベストの答えはこれだった。「オーストラリアのフライングドクターのチームに入りたいの」こう答えれば、相手はたいてい黙《だま》ってくれる。

はじめての単独フライトのとき、私が着陸態勢《たいせい》に入ると、訓練所のクラブハウスからすべての男性が出てきて、こっちをみていた。成功するわけがない、と思っているのが伝わってきた。そして私が着陸に成功すると、全員がクラブハウスに入ってしまい、その後まもなく私が入っていっても、だれもなにもいってくれなかった。「おめでとう」のひとことくらいかけてくれてもいいのに。これが男性だったら、初飛行の成功をみんなで祝ってくれるのに。

苦労して飛行士の資格をとったものの、そのころの私は実りのない恋愛《れんあい》をして、フライングドクターのチームに入るという夢をあきらめてしまった。そればかりか看護師の仕事からも離れ、ロンドン・スタンステッド空港のレンタカー会社で運転手の仕事をした。空港近くのトレーラーハウスで暮らして九ヶ月たったころ、ケンブリッジの病院に雇ってもらえることになった。看護師の寮《りょう》にも入れるとのこと。恋愛を忘れ、軌道《きどう》修正をすることができた。

救急病棟に配属され、忙しさのせいでハイになった状態で二年を過ごした。充実感がたまらなかった。救急病棟では次になにが起こるかわからない。その状況にやりがいを感じた。それに、そこでの出会いも楽しかった。いろいろ人がやってくる。酔っぱらい、乱暴な人、取り乱した人。どんなに攻撃的な人が来ても、あるいはどんなにヒステリックな人が来ても、私はまっすぐに近づいていって、向かい合って話をきき、相手を落ち着かせた。ホームレスや旅行者もいた。ダンスパーティー用に着飾《きかざ》ったケンブリッジの学生がへべれけに酔っぱらって嘔吐物まみれになり、助けを求めてやってきたこともある。ゴージャスなシルクのイブニングドレスを着た女の子は印象的だった。友だちとの度胸《どきょう》試しで橋から飛びおりたものの、川には水がなかった。しかし、アルコールをしこたま飲んでいたのが幸いしたようだ。体の力がいい具合に抜けていたので、ひどい怪我をしなくてすんだ。傷ついたのはプライドだけ。翌日は決まりの悪そうな顔をしていた。

驚いたことに、そしてうれしいことに、私は困っている人や苦しんでいる人の気持ちをなだめるのがうまいらしいとわかった。

はじめてマウス・トゥー・マウスの人工呼吸をしたのは、乳幼児突然死《とつぜんし》で亡《な》くなった赤ん坊だった。もう望みはないだろうと思いながらも最善を尽《つ》くすしかなく、医師が死亡宣告をするまで、処置を続けた。あのとき味わった死の味とにおいは一生忘れられないだろう。

『ナーシング・タイムズ』という雑誌に、難民キャンプで子どもたちのケアをする女性の記事が出ていた。これこそ私のやりたい仕事だ、と直感した。その女性に手紙を書いて出版社経由で送ると、ロンドンの小児科病院で会うことができた。しかし、抱《いだ》いていた希望は砕けちった。世界のどこかで大災害があれば、そこに駆けつけて人々を安心させるような仕事がしたい——私がそういうと、彼女は私をみて笑いだした。「ばかなことをいわないで。そのための訓練を受けたわけでもないんでしょう?」

涙と失望と怒《いか》りに包まれて、病院をあとにした。しかしそれ以上に、強い決意を胸に抱いていた。私はケンブリッジの病院で働きながら、週に一回ロンドンに出かけ、熱帯性の病気についての講義を受けはじめた。海外で看護の仕事をするという夢のためなら、どんな努力でもするつもりだった。

8 葛藤と限界

一九八四年七月、エチオピアのメケレに到着した飛行機から降りた瞬間、死と汗と糞《ふん》尿《にょう》にかすかなユーカリの香りが混じった、なんともいえないにおいが鼻を襲ってきた。メケレの食料給付センターで働くスイス人看護師のルースが出迎《でむか》えてくれた。メケレの町はずれにある、どうしようもないほど名前負けした〈キャッスル・ホテル〉が当面の宿になる。

五月にレバノンからイギリスに戻り、自宅でのんびりしたのは四週間半だけ。それだけあれば、恋しかったものすべてと再会するのにはじゅうぶんだった。そして気づいたときにはエチオピア大使館でビザを申請《しんせい》していた。メケレに到着してからすぐに向かったのはコレム。メケレとは別の、飢えた難民がたくさんいる町だ。訪問の目的は、〈セーブ・ザ・チルドレン基金〉によって作られた食料給付センターがうまく機能しているかどうかを視察すること。灼熱の平原や冷えきった山岳地帯《さんがくちたい》を越えて、車で悪路を進んでいく。途中、徒歩で町に向かうたくさんの人々をみかけた。食料や安全な住まいを求める人々だ。

みな、飢えていたし、ひどい身なりをしていた。道端《みちばた》に倒れて死にかけている人もいれば、助けを求めてこちらに手を伸ばしてくる人もいる。重そうな荷物を引きずるようにして運ぶ、痩《や》せこけた老女の姿も目にとまった。きれいに編みこんだ白髪《しらが》まじりの髪は土埃まみれで、肌は乾いて皺《しわ》だらけだった。連れはいない。ひとりきりでよろよろ歩いていた。面倒をみてくれる家族がいないんだろう。その老女ひとりの姿をみただけで、状況の厳しさがよくわかった。支援組織は家族や子どもの面倒はみるが、身寄りのない高齢《こうれい》者にはなにもしない。私たちもそうだ。暗い気持ちで車を走らせつづけた。

コレムは地上の地獄《じごく》としかいいようのないところだった。到着したときは雨が降っていて、そこらじゅうがぬかるんでいた。その地面に、何千人もの飢えた人々が座りこんだり横たわったりしている。住む家もなく、そのまま死んでいこうとしているのだ。世界のほかの地域では、あり余るほどの食べ物があるというのに！

食料給付センターに登録されている六歳以下の子どもは四〇〇〇人。そのなかには、骨と皮だけになってしまったような子どももいる。重度の栄養失調のせいで成長が止まっている子ども。筋肉がほとんどなくなっている子ども。髪が抜け、肌が乾燥《かんそう》してかさかさになり、おなかが大きくふくらんだ子も多い。免疫《めんえき》力が弱っているので、どの子もなにかの病気にかかっていた。

コレムを訪れたのは、その後のメケレでの活動に必要な予備知識を得るためでもあったが、あまりにも悲惨な状況をみて、私は腹が立ってしかたがなかった。コレムの医療センターには医師と看護師がふたりずついたが、とにかく物資が足りなかった。医療用品はそれなりにあるのに、食料と水が少ない。子どもに与える抗生物質はあっても、子ども自身が飢えて弱っていたら、薬なんか使えない。私がそこにいたひと晩だけで、七人の子どもが死んだ。

メケレに戻った私は〈キャッスル・ホテル〉のベッドに横になり、ハイエナの鳴き声をききながら、これからのことを考えた。メケレはアジスアベバから七〇〇キロほど離れた田舎の寒村で、町に通じる道路は政府によって遮断《しゃだん》されている。メケレの住民は政府に敵対する危険な存在だとされているからだ。だから私たちも自由に行き来することはできないし、食料や物資を運びこむのも思うようにいかない。飢えた難民の数は週ごとに一〇〇〇人単位で増えていくというのに。

朝は七時にホテルを出て、五キロほど離れた食料給付センターに車で向かう。土埃の舞う乾いた道を走っていると、ときどき赤ん坊を抱いた父親や母親が近づいてきて、車を止めようとする。地面に赤ん坊を置いて逃げていってしまう人もいる。そういうときは親を呼びもどし、赤ん坊を連れ帰ってもらわなければならない。そんな形で子どもを託《たく》されたって、こちらにはどうすることもできない。子どもだけではなく、おとなが地面に横たわっている光景も毎日のように目にした。あるときは、高齢の男性が杖《つえ》を持ったまま横たわり、そのそばに妻らしき人が座って、寄ってくるハエを力のない手で追いはらっていた。だれかに助けてほしいのだろうが、助けが来ないことは自分たちがいちばんよくわかっている。そういう人を助けても意味がないということを、私もすぐに学んだ。最初の週に、倒れている老人を車に乗せて病院に連れていったことがある。老夫婦《ろうふうふ》を待合室に座らせて病院をあとにした。その後二回病院に戻ってみたが、ふたりがどうなったかわからなかった。三回目に行ってみると、老人はひとりで病院の外の地面に座っていた。お金がないので病院からたたきだされたのだという。そこで今度は赤十字の施設《しせつ》に連れていったが、それきりだった。同僚《どうりょう》のルースにその話をしたところ、みんなを助けるなんてことはできない、助かる望みのある人に力を注ぐべきなのよ、とたしなめられた。自分の無力さを痛感したし、こんな現実が許されていいんだろうかと腹が立った。でも、ルースのいうとおり、私になにができるんだろう。ひたすら子どもたちを助けるしかないんだと思いしらされた。

食料給付センターのなかには小さなオフィスのほかにキッチンと貯蔵室がある。キッチンの煙を外に出す煙突《えんとつ》はなくて、波形のトタン屋根に穴があけてあるだけだ。建物のなかで働いていると、いつも目がちくちくした。給食エリアは壁のないオープンスペースで、トタンの屋根だけが両側から張り出したような造りになっている。救済プログラムに選ばれなかった子どもやその両親たちが敷地の外からみつめるなか、選ばれた子どもとその親がいくつかのグループに分かれ、列を作って給食エリアにやってくる。提供されるのは牛乳をベースにした高カロリー飲料。バターオイルと脱脂粉乳《だっしふんにゅう》と砂糖をお湯でといたものだ。子どもたちがそれを飲み終えると、スタッフがカップを集めて洗い、次のグループの準備をする。このやりかたで、三五〇人の子どもたちに一日三回の給食を行うと、一日一〇五〇食。子どもの数はしだいに増えて、最終的には五〇〇人になった。一日一五〇〇食だ。

なにより苦労するのは、ミルクを拒《こば》む子どもがいることだ。ときには最初のひと口かふた口を文字どおり無理やり飲ませることもある。両手と両足を押さえて、子どもが口を開くのを待つ。口に入れられたものを飲みこんでくれる子もいるし、吐きだす子もいる。飢えているのに食欲がないのだ。かわいそうでならなかった。

働きはじめてまもなく、同僚のルースと私は馬が合わないということがわかった。ルースは五十代半ばで経験豊富、私はまだ若くて経験が少ない。これまでに受けた教育や実習の種類もちがう。しかも、いまの環境にはまったく余裕がない。ふつうの職場環境であれば、ゆっくり話し合うことでわだかまりは解けただろう。でも、そんなことをしている時間はないし、体力も気力も限界の状態だった。どの子どもを選ぶかという点でも、給食のやりかたの点でも、私たちの考えかたは相いれなかった。とはいえ、めざす目標は同じだ。全力を尽くしてできるだけのことをしたいという思いも共通していた。

二週間ほどして、アジスアベバの医師がメケレにやってきた。食料給付センターのなかに医療センターも作ってほしい——私はそういわれて、とてもうれしかった。とうとう自分が主導するプロジェクトを始められる。敷地内にブリキ板の小屋を作って、給食が終わったあとに患者を受け付ける形で診療所をオープンした。一日で一〇〇人近くの患者がくることもあった。全身に疥癬《かいせん》が広がった人。下痢と嘔吐を繰《く》り返す子ども。白癬菌《はくせんきん》にかかった人。大きなおできが三つもできた、生後十ヶ月の赤ちゃんもやってきた。

子どもたちの多くは、顔にいつもたくさんのハエがたかっていた。そのせいで目にばい菌が入って感染症を起こしてしまう。また、ビタミン不足のせいで失明する子どもも少なくない。ビタミンのカプセルをあけて、中身を一滴《てき》ずつ子どもたちの口に垂らしてやると、手遅《ておく》れのケースも多少はあったものの、多くの子どもに効果がみられた。

赤ん坊のケアに関しては、母親の教育の有無《うむ》が問題になることが多い。あるとき、生後三ヶ月の双子《ふたご》の赤ん坊を連れた母親がやってきた。双子のうちひとりは丸々と太って元気いっぱいなのに、もうひとりは飢えて元気がなかった。話をきくと、母親は、ふたりにじゅうぶん与えられるほどのおっぱいが出ないから、ひとりだけに与えているとのこと。飢えているほうの子に哺乳《ほにゅう》瓶でミルクを与えてほしい、と主張する。そこで私は、母乳を与えることの意味を説明した。哺乳瓶でミルクを与えられた赤ん坊は、下痢で死ぬリスクが二五倍も高くなる。ミルクを作るのに使う水が汚染されているからだ。ここでは、哺乳瓶でミルクを与えることは、赤ん坊の頭に銃弾を撃ちこむのと同じことなのだ。母乳がたくさん出るように、私は母親に食料を渡した。二週間後、痩せていた赤ん坊も元気になって、私がおなかをくすぐると笑ってくれた。

仕事を続けるうち、地元の病院関係者に知り合いが増えていった。私は医師たちに頼みこんで、二四床のベッドと診察室のある小児科病棟を作ってもらった。かわりにこちらからは医療用品や食料を提供した。病棟はいつも大混雑だったが、それだけの需要があったということなのだ。

ところがまもなく、子どもたちが必要な治療や手当てを受けていないのに気がついた。よくある病気の診察や治療に必要な医療機器や薬が病院に届くように手配していたのに、それが使われていない。しかも、すでに病院に送ったはずの聴診器《ちょうしん》や基本的な装置を送ってほしいと再度頼まれて、どういうことだろうと思った。看護師たちに尋ねてみると、そんなものはみたこともない、との答えが返ってきた。どうやら、医師のひとりがそれを自宅に持って帰ってしまったらしい。珍《めずら》しくて価値のあるものだし、自分が個人的に診《み》ている患者たちに使いたかったようだ。せっかくの物資が、それを必要としている子どもたちに届かないなんて！　私は虚《むな》しさを覚えた。患者に必要だろうと思って送った食料も、どうなったのかわからない。

私は毎日のように病院を訪れて、子どもたちのようすをチェックした。ある日、何日か前に私がここに連れてきた親子をみかけた。母親は子どもを膝にのせて座っていた。子どもは元気がなくて、息が苦しそうだ。母親によると、なんの治療も受けていないという。私はすぐに医師に談判《だんぱん》しにいったが、医師はどこにもいなかった。看護師たちも肩《かた》をすくめるばかり。翌日、私が病院を訪ねたときにはもう、その子は死んでいた。私はとことん打ちのめされた気分だった。死ななくてもいい子どもを死なせてしまったのだから。

でも、悪いことばかりではなかった。子どもたちと追いかけっこをして遊んだり、祝日にはダンスをしたりして、仲良くなることができた。子どもたちは私の髪や手足に触れたがった。自分たちとは全然違うから、興味があったのだろう。外の簡易トイレにまでついてきて、目隠しのあいだから覗きこんでくることもある。私が怒ると余計におもしろがるので、しまいには気にしないことにした。私の話しかたや笑いかたもおもしろいらしく、そばに来ては物真似《ものまね》をする。鼻水や糞尿で汚れ、虫がたかっていて、顔や手を洗うことのない子どもたちなので、いっしょに遊んでいるとこっちも汚れてしまうが、それでもスキンシップをとらずにはいられなかった。子どもたちを抱っこしたりおんぶしたりすることもしょっちゅうだった。

疲れはててホテルに戻ると、つかのまの安らぎを感じることができた。部屋に入ると、まずは靴《くつ》を脱《ぬ》ぐ。部屋にバケツの水がないときは階下に行って、水を汲《く》んできてほしいとだれかに頼む。でも、髪を洗うのは週に一度。それでもとても贅沢なことだったし、簡単に流すことくらいしかできなかったので、髪はいつもショートにしていた。食事は、たまに野菜のスープを作るくらいで、それ以外の日はイワシや果物の缶詰。ホテルにもレストランはあったが、いつも開店休業状態で、食料庫はからっぽだった。そんな食生活しかできなくても、飢えに苦しむ人々のことを思うと文句はいえなかった。

夜の外出はしなかった。遊ぶ場所もないし、あったとしても、ひとりで過ごすほうがよかった。日中は常に人にみられている。どこでなにをしていても、まわりの人は私をじっとみているし、近づいてきて物乞《ものご》いをしたり、体に触れてきたりする。だから、夜はひとりで日記や手紙を書くことにしていた。ＢＧＭはＢＢＣワールドサービスのラジオ。それが外部の世界とつながる命綱のようなものだった。

命綱はもうひとつあった。母から送られてくる手紙だ。たぶん母が思っている以上に、私は母からの手紙を楽しみにしていたし、大切にしていた。何度も何度も読み返しては、いまごろうちの隣にある麦畑では収穫《しゅうかく》をしているだろうなとか、菜の花畑が一面黄色になっているだろうなとか、父の育てているミツバチが大忙《おおいそが》しだろうなとか、そんな想像をして楽しんでいた。自分がやってしまった失敗や、自分ができなかったことを考えて、泣いてしまうこともあった。下痢や嘔吐で元気のでない日もしょっちゅうあった。ノミやシラミだけでなく、トコジラミにも悩《なや》まされたものだ。長袖長《ながそで》ズボンのスウェット上下を着ていても、やられるときはやられる。トコジラミがシーツの上を堂々と行進しているところをちょくちょくみかけた。殺虫剤などなんの効き目もなかった。

問題がもうひとつあった。話し相手があまりにも少なかったことだ。地元のボランティアやスタッフたちはあまり英語がうまくないから、そこまで仲良くなれない。それに、一日じゅう忙しく働いたあと、彼らはまっすぐ家に帰ってしまう。例外は、現地スタッフのひとり、アスマラだ。私の右腕。彼女がいなかったら、最後まで仕事をやりきることはできなかったかもしれない。アスマラは、新しいことをやるなら、この土地の習慣に合わせた形でやったほうがいいわよとアドバイスしてくれた。たとえば、地元の病院が子どもを受け入れてくれないとき、アスマラは、腹を立てている私をなだめてくれる。

「あの先生はああやってパワーをみせつけているだけよ、説得するならもっとうまく立ちまわらなきゃ。こちらがいくら怒ってみせたって、エチオピアの男は意地でも屈《くっ》しない。もっと根気よく訴えかけなきゃだめなのよ。スイスには時計があるけど、アフリカには時間がある。そういうことよ」

つまり、アフリカ流にたっぷり時間を使って、根気よく働きかけたり、ゆっくり待ったりすることが大切なのだ。実際、そうするとうまくいくことがほとんどで、最後には医師がこちらの要求をのんでくれる。アスマラはいろいろなことを教えてくれた。私の耳になり、目になり、状況や人々の考えていることを読みとって教えてくれた。

十月までに、私はひどく落ちこむようになってしまった。物資の蓄《たくわ》えが底をついていた。町はずれに新しい食料給付センターを作るはずだったのに、工事の遅れで一月まではできないらしい。食料ももっと送られてくることになっていたのに、輸送中のトラックが襲撃《しゅうげき》を受けたり、道路に地雷が埋まっていたりして、次の到着がいつになるかわからない。周囲から切《き》り離《はな》されて孤立《こりつ》しているように思えた。それでも飢えた人々はどんどんメケレに集まってくる。状況は悪くなる一方だった。そのころには、センターでケアをする子どもの数は五〇〇人以上になっていたし、死亡者数も増えていた。私は一日一〇時間以上の仕事を一八日間休みなく続けていた。助けられる人よりも死んでいく人のほうが多い。だれを助けてだれを見捨てるのか、決める立場にあるのがつらかった。なにもかもがいやになりそうだった。助けることのできない人に背を向けてしまえば、その姿をみなくてすむかもしれない。気づかずにすむかもしれない。でも、全力を尽くさなければ、あとになって罪悪感に苦しむだろう。だからといって、自分の無力感を思い知らされるのは本当につらくて、仕事を続ける気力を失ってしまいそうになる。夜はいつも泣きながら眠った。

あるとき、赤十字国際委員会の救援スタッフがアジスアベバから視察《しさつ》にやってきた。私が運転する車であちこちを案内していたとき、ひとりの男性が道路に横たわっているのがみえた。車でそばを通りすぎようとすると、スタッフは目をみひらいて、車を止めろというジェスチャーをした。

「どうして知らんぷりをするんだ？　どうして止まらないんだ？」

「止まったからって、なにができるんですか？」

「助けるべきだ」

「倒れている人全員を助けることなんてできません」私はできるだけわかりやすく説明した。「ここでは毎日、ああいう人を一〇人以上みかけるんです。できることはなにもありません。病院に連れていったって無駄です。軍人の治療で大忙しなんですから。実際、連れていったことはあるんですよ。でも門前払《もんぜんばら》いでした。食べ物をあげたくたって、あげられません。子どもに与える分だって足りないくらいなんですから。町の外も合わせれば、倒れている人が何千人もいるはずです。全員に食べ物をあげたかったら、食料が何千トンも必要になります」

　スタッフは黙って私をみつめるだけだった。このときほどいやな気分になったことはない。彼は本部から食料を発送する担当者で、私たちはメケレの状況を報告しつづけていた。なのに彼は、事態がここまで深刻だということをわかっていなかったのだ。その視線は、おまえはちゃんと仕事をやっているのか？　といっているようだった。私は自分の力不足とともに怒りを感じた。これ以上なにができるというのか。このありえない状況で、なにをしろというのか。絶望しかなかった。

9 転機

もう限界。そんな状況のなかで、アジスアベバの本部から一本の電話がかかってきた。電話がかかってくることじたい、珍しいことだった。ホテルにも電話はあるが、使えないことがほとんどなのだ。そのときの電話でいわれたのは、BBCの取材チームがメケレに行くから、案内と、赤十字国際委員会の活動についての説明をよろしく頼む、ということだった。とても意外な知らせだった。というのも、赤十字国際委員会が公《おおやけ》に活動報告をするときは、外交に関わる立場の人物から依頼《いらい》があるのがふつうだからだ。

翌日、BBCの海外特派員であるマイケル・バークと、カメラマンのモー・アミンが、食料給付センターにやってきた。マイケルは、飢えた人々や難民キャンプをよその国でみたことがあるとのことだったが、救済プログラムの対象とする子どもの〝選別〟をみるのは初めてだった。私がひどい栄養失調の子どもたちに囲まれ、あちこちから手を引っ張られているのをみたマイケルは、私にいくつも質問をしてから、私の立ち位置に注文をつけては写真や動画を撮《と》りつづけた。そのあと、私にこんな質問をした。

「あなたの決断によって、どの子どもが助かってどの子どもが命を落とすかが決まるわけですね。日々そういう仕事をしていることは、あなたの人生観になんらかの変化をもたらしましたか?」

はあ? いったいなんのつもりでそんな質問をするの? 私は頭に来た。まともに返事をするべきかどうか迷ったが、結局はこう答えた。

「もちろんです。いつも胸がはりさけそうです」

そして、彼らは帰っていった。私にとって、彼らの訪問は、日常のなかのほんの小さな出来事にすぎなかった。その日のことはよく覚えている。ヘモグロビン値が低すぎて命の危険がある赤ん坊を病院に連れていった日だからだ。検査技師を探して町じゅうを走りまわり、やっとのことで赤ん坊の血液型を調べることができた。たまたま私と同じ血液型だったので、私の血液を赤ん坊に輸血してもらった。処置後にベッドで休憩していると、町の外でちょっとした戦闘があったらしく、怪我人がたくさん運びこまれてきた。何人かは腹部に重傷を負っていた。どうしてあの人たちに輸血をしないの、と病院のスタッフにきくと、血液がないからだといわれた。そのときは返す言葉もなかったが、翌日になって医師を問《と》い詰《つ》めた。

「笑わせないで。この町には五万人もの人がいるのに、血液がないってどういうこと? いいわ、私がみつけてくる」

一〇分後、私は町はずれの軍施設に行き、〝ボランティア〟を一〇人連れてきた。その人数を集めるのは簡単だった。女の私がすでに血液を提供したのよといえば、相手は断れない。技師と私はそれから一時間をかけて一〇人から採血をした。そのあいだに、アスマラが食料給付センターに行って、彼らのためのパンとお茶を取ってきてくれた。通常、こうした戦闘による怪我人の存在が私たちに知らされることはないが、赤十字はどんなケースであっても救命に協力する意思があることを、病院側に知ってもらいたかった。それに、こちらが病院に協力すれば、病気の子どもたちの治療に力を貸してほしいと病院に頼みやすくなる。今日はいい仕事ができた――私は救われた気分でその日を終えた。

日々の仕事に忙殺《ぼうさつ》されて、ＢＢＣが取材に来たことなどすっかり忘れてしまった。あんな取材のせいで変化が起こるなんて、考えもしなかった。ところが、十月二十九日に自宅からテレックスが入った。

テレビもラジオも、アフリカのひどい状況のことを報道してる。あなたがＢＢＣの取材を受けているシーンがすごく印象的で、うちにあちこちから電話がかかってきてる。あなたがメケレでがんばってることを、みんなが褒《ほ》めたたえていたわ。

そのあとに、電話をくれた人の名前のリストがあった。どういうことなのか、私はぴんとなかった。

その後、母から手紙が来た。

あれから電話が鳴りつづけているのよ。テレビをみた友だちや知り合いはみんな、アフリカの現状をみてショックを受けたし、同時に、それに深く関わっているのが自分の知り合いだとわかって誇らしかった、といっているわ。


それを読んでも、まだ意味がわからなかった。たった二、三分のインタビューがテレビに流れたくらいで、そんな大騒《おおさわ》ぎが起こるものだろうか。それに、私はむしろ腹立たしくさえ思えた。私のことが誇らしい？ そんなの間違ってる。私がなにをやっているのかも、ここでなにが起こっているのかも、なにもわかっていないくせに、どうしてそんなことをいうの？

でも、それを機に状況ががらりと変わった。マイケルが来てから十日後の早朝、私は町の外の平地に建つ建物の屋上に立っていた。仮ごしらえの滑走路で、牛や羊が草を食《は》んでいるのがみえる。途中の検問で兵士たちを起こさなければならないほど早い時間に、ここまでやってきたのだ。まもなく、遠くのほうから音がきこえて、山の上に小さな黒い点がみえてきた。どんどん大きくなる。イギリス空軍の飛行機だ。これで助かった！ 私は心のなかでそう叫んだ。イギリス空軍に助けてもらえるなんて思ってもみなかったので、とても感動していた。土埃を巻きあげて、飛行機が着陸する。乗組員たちが笑顔で手を振ってくれた。私はコックピットに招かれ、熱い紅茶とマーマイト（イギリスの発酵《はっこう》食品で、パンに塗るスプレッド。強い塩気と独特の風味がある）のサンドイッチをごちそうになった。こんなものしかなくて、と謝《あやま》られたが、私にはすごいごちそうだった。飛行機後部のドアをあけると、そこには食べ物がぎっしり詰《つ》まっていた。

そのときの私は知らなかったが、マイケル・バークの取材映像がテレビで放映されてから、世界各国からさまざまな寄付が集まっていた。救援物資はアジスアベバに届いていたものの、それをメケレに運ぶ燃料がなかった。赤十字の下部組織のひとつがメルセデスのトラックを何台も派遣してくれたが、ガソリンのことには考えが回らなかったらしい。それで、結局は飛行機を使うことになった。その後も次々に飛行機が到着した。滑走路が傷《いた》んだり、物資をしまっておく倉庫が必要になったりしたほどだ。多くの人は忘れがちだが、ただ物資を寄付するだけでは困っている人たちを助けられない。物資を運び、分配する作業のひとつひとつが同じくらい重要だ。それでも、食料給付センターでケアできる人々の数や、難民キャンプのテントの数は、二倍に増やすことができた。凍《い》てつく冬を迎《むか》えようとしていたので、テントを増やすことはなにより必要な急務だった。

とくにうれしかったのは、イギリス空軍の輸送機〈ハーキュリーズ〉が運んできた物資を運んできたトラックをみたときだった。トラックの運転手は通行許可も取らず、検問では笑顔で手を振るだけで、空港からメケレの町までスムーズに移動することができたという。積まれていたのは、薬、大量のリンゴやメロン、私が飛行機でごちそうになったのと同じ白い食パン。リンゴなんて、ヨーロッパを出てからというもの、一度もお目にかかることがなかったものだ。私はイギリス空軍のチームをあちこち連れまわして、飢えた人々の姿をみせた。私たちが助けようとしているのはこういう人たちなんだ、とわかってもらうためだ。お役所や政府が主催《しゅさい》する視察ツアーでは、いちばんひどいところは避けろといわれる。自分たちのおかげでこれだけの改善がみられましたよ、とアピールするのが目的なので、助けが必要なところをみせられるのは困るのだ。

そのころにはBBC以外の世界中の記者たちがメケレを訪れていた。私は旅行代理店のツアーガイドになったような気分だった。でも、ガイド役をしていたのには理由がある。マスコミの力をうまく使えば、エチオピアの現状を世界に知らせ、お金や物資を集められるはずだ。私の名前は、エチオピアを訪れるマスコミの人々にとって、いわば窓口として知られていた。彼らがなにを求めているかはわかっている。すでにテレビでみたことのある、英語を話す若い白人女性がひどい状況のなかで働いている光景と、飢えた子どもたちの姿だ。それをセットにしてテレビで流せば、世界中の人々が財布《さいふ》を開いて私たちに協力してくれる。自分が見せ物のようになることなんて、どうでもよかった。そのかわりに、喉《のど》から手が出るほど必要な医療物資が手に入るのなら。

ある日、赤十字国際委員会の広報部で働くスイス人の報道カメラマンが、写真を撮りにやってきた。しかし彼女は、メケレの現状を目の当たりにしてショックを受けてしまったらしい。私は食料給付センターに彼女を連れていき、あちこちで提案した。「この赤ちゃんの写真を撮ればいいんじゃない？　すごく弱っていて、明日の朝までもたないかも」とか、「この子はどう？　ビタミン欠乏症で失明してしまったの」とか。でも彼女は「そんな、無理よ。かわいそうで写真なんか撮れない」という。わかっていない。そういう子どもたちの写真を撮ってこそ、現実を世界にわかってもらえるのに。気の毒な子どもを利用するようで気が引ける、なんて思うのは勘違《かんちが》いでしかない。彼女は私たちスタッフの生活ぶりにも驚いていた。清潔な水がないことに、とくに耐えられなかったらしい。メケレにいた二日間、歯磨《はみが》きも洗顔もしなかったんじゃないかと思う。ベッドで眠ることもできなかったかもしれない。私がトコジラミの恐ろしさについて話したから。とはいえ、訪問者のなかでそこまで神経質なのは彼女だけだった。

偉《えら》い人や有名な人もたくさんやってきたし、たくさんの物資を持ってきてくれたが、残念ながら見当違《けんとうちが》いのものもあった。たとえば、ある新聞社が読者から集めて持ってきてくれた物資のなかには、赤ちゃん用の粉ミルクがあった。清潔な水や哺乳瓶がなければ使えないものだ。避妊《ひにん》薬、降圧剤、糖尿《とうにょう》病の薬、痩せ薬なども大量にあったが、どれも古いタイプの薬で、まったく意味がなかった。トイレットペーパーもそう。それをどうやって使ったらいいかも知らない人たちに配ってなんになるというのか。またあるときは、毛布を送るといわれていたので期待していたら、届いたのは赤ちゃん用のきれいな刺繍《ししゅう》入り毛布だった。凍てつく夜の防寒のために必要だというのに、赤ちゃん用の小さな毛布なんて話にならない。

もっと小さな組織や会社からの寄付のほうが、役に立つものが多かった。イギリスの地方紙の会社が、大人用の大きな毛布を飛行機いっぱいに積んで送ってくれた。その飛行機にのってきた記者は、持ってきた毛布が到着後一時間以内に配り終えられたのをみて、誇らしそうな顔をしていた。いい写真をたくさん撮って帰っていったので、新聞の読者も満足したことだろう。嵐《あらし》のなかを飛んできて、着陸許可も得ないままにアジスアベバの空港に着陸した小型飛行機もあり、その機内には私たちがなによりも必要としていた医療物資が積まれていた。危険を冒《おか》して飛んできてくれた人たちのおかげで、メケレの状況は大きく改善した。

私がいちばんうれしかったのは、世界中の人々が手紙を送ってくれたことだ。封筒《ふうとう》には〈エチオピア、メケレ、赤十字のクレアさんへ〉としか書かれていないのに、ちゃんと私のところに届いたものだ。温《あたた》かな励ましと支援を申し出てくれたアメリカ、ジョージア州の牧師とは、文通もするようになった。いちばん心に残っているのは、カリフォルニアのビジネスマンからの手紙だ。一日の仕事を終えて、へとへとになってホテルに戻り、上着を脱いで腰をおろし、テレビをつけた——そんなようすが目に浮かんだ。そしてテレビに映しだされたメケレのようすをみて、矢も盾《たて》もたまらずペンを取り、手紙を書いてくれたのだ。

シスター・クレア

あちこちから届く手紙がなによりの元気の素だとおっしゃっていましたね。NGOのCAREを通してお金を送りました。この手紙も読んでいただけたらうれしいです。世界中の人々が、あなたの姿をみて感銘《かんめい》を受けました。私たちがどんなに大きな声で応援《おうえん》しているか、想像してみてください。スタジアムいっぱいの観客すべてが、ボールを持ったひとりの選手に渾身《こんしん》の声援《せいえん》を送っている——まさにそんな感じです。あなたがいままでにきいたことのあるどんな大きな声援より、いまあなたが受けている声援は大きいのです。どうかこれからもボールを持って、私たちのために走りつづけてください。

こういう手紙を受け取ったことが、私の気持ちをさらに奮いたたせてくれた。状況が改善し、メケレの人々が食べ物や住まいに困らなくなりはじめたころ、アジスアべバの本部から連絡があった。国際赤十字が、アジスアベバの北六〇〇キロほどのところにあるマイチューに、新しい食料給付センターを作るという。ルースはメケレで長く働いていて、いまさら違う場所には行きたがらないだろうし、そもそもルースは契約《けいやく》がじきに切れてしまう。そんなわけで、私が打診《だしん》を受けた。マイチューで働かないか、と。答えは考えるまでもなかった。新しい冒険は大好きだし、新しいプロジェクトの始動に関わるのはとてもやりがいがありそうだ。私はチャンスに飛びついた。

マイチューのことは、ティグレー人民解放戦線に囲まれた山のなかに置かれた政府軍の基地だということしか知らなかった。そこに出入りするには、軍の車列についていくしかない。ただ、出発の準備が整っても何週間も待たされることがふつうだときかされた。道路に埋められた地雷を除去した上で、山の上に見張りの兵士を配置してからでないと進めないせいだ。しかも、軍の車列から五〇〇メートルは距離《きょり》を置いて進まないと、軍の関係車両と間違えられる危険がある。最後の車両が通ったあとは、また道路が封鎖《ふうさ》されるそうだ。現地の宿は簡素なもので、手に入る食料もわずか。メケレではトマトやタマネギくらいは買えたし、なにかあったら飛行機で逃げることも可能だったから、状況はメケレよりだいぶ厳しい。滑走路を建設中ではあったが、周囲を山に囲まれた土地なので、飛行機は旋回《せんかい》しながら着陸や離陸《りりく》をしなければならず、大きな危険が伴《ともな》う。外部との連絡手段は短波無線のみ。まさに私が求める冒険の地といえた。

クリスマスが近づいてきたある夜、ベッドで丸くなっていたときに、短波ラジオからひび割れた音で音楽がきこえた。『ドゥー・ゼイ・ノウ・イッツ・クリスマス？』。エチオピアの現状についてのおおまかな説明もきこえた。その瞬間、私は見当違いの怒りにかられた。ボブ・ゲルドフっていうミュージシャンは、エチオピアの難民たちの悲劇を利用してお金儲《かねもう》けをするつもりなの？　どうせ、関わっている全員で儲けを山分けするつもりなんでしょ、と。この曲が〈バンド・エイド〉というチャリティー・プロジェクトで、何百万ポンドというお金を集めていることなど、なにも知らなかったのだ。

私にわかっているのは、メケレとはもうすぐお別れだということと、疲れて燃《も》え尽《つ》きてしまいそうなのに、マイチューでの新しい仕事を楽しみにしているということ、そして、助けを待っている人たちはメケレ以外にもいるということだった。

10 新たな一歩

九〇〇人、一八〇〇個の目が空をみあげた。うなるような轟音《ごうおん》がどんどん大きくなる。突然、山頂の上に小さな白い点があらわれた。土埃の舞う乾いた台地にむかって、空中を滑るように下降してくる。太古の火山クレーターみたいなところだ、とだれかがいってったとおり、ここは三方を山地に囲まれた窪地《くぼち》だ。山のない一方には切り立った崖があり、その下にはマホーニの村と、からからに乾いた平原が広がっている。飛行機が近づいてくると、両翼《りょうよく》についた赤い十字のマークがはっきりみえた。飛行機はスイスのピラタス社の単発プロペラ機〈オーガスタ〉で、オランダ人のビルが操縦桿《かん》を握《にぎ》っている。

〈オーガスタ〉の見た目はそんなによくないが、荷物をたっぷり積めるし、人も一〇人乗れる。座席を取り除けば、ストレッチャーに横たわる怪我人を乗せることも可能だ。それに、海抜《かいばつ》二四七九メートル近いマイチューにやっと作られたばかりの滑走路はとても短くて、〈オーガスタ〉くらいしか着陸できない。治安が非情に不安定な状況にあるティグレー州北部では、外部につながる道路がいつ閉鎖されてもおかしくないし、一度閉鎖されると何週間も解除されないことがある。だから、〈オーガスタ〉の存在は私たちにはなくてはならないものなのだ。

ビルは六十代。ぽっちゃり型で、性格は朗らか。経験豊富なパイロットだった。三方を山に囲まれているせいで、早朝のマイチューは霧《きり》に包まれることが多い。そんななか、ビルの操縦する〈オーガスタ〉が遠くのほうからスズメバチの羽音みたいな音をたてて上空に姿をあらわし、やがて白い雲にのみこまれる。飛行機が山の中腹に墜落《ついらく》してしまうのではないか――私たちがはらはらしながら待っていると、やがて、飛行機は雲や霧の切れ目からぱっと飛びだしてきて、横風などものともせずに、短い滑走路に着陸する。

六年前、マイチューのまわりの地域は緑豊かな美しいところだった。しかし私が訪れたときには、エチオピアのほかの地域と同様、地面は茶色一色で、からからにひびわれていた。雨が全然降らないせいだ。ティグレー人民解放戦線に支配された地域にあって、マイチューは政府の強固な要塞《ようさい》でもあった。

なにか買い物をするとしたら、週に一回開かれる郊外の市場に行くしかない。でも、その市場でさえ、売り物はほとんどなくなってしまっていた。なにかの葉っぱ、虫食いだらけの桃、わずかな卵。古びた家庭用品や調理道具などが置かれていることもある。それでも、軍隊がいるおかげで、村の治安はよかったし、食料給付センターを作るには適した場所だった。

栄養失調の老若男女《ろうにゃくなんにょ》が何千人も、新しい給付センターの脇のキャンプにやってきた。彼らはエチオピア国内のさまざまな場所で暮らしていた人々で、市民の暴動や食料不足のためにここに集まってきた国内避難民だ。キャンプもセンターもメケレと似たようなものだったが、救援物資が大量に届きはじめたおかげで、私がマイチューに来てまもなく、状況は改善しはじめた。比較的早く行きわたったのはテント。大型のテントで、一〇人くらい収容することができる。それに比べると食料が届くのには時間がかかった。護衛つきの輸送団を組むのが簡単ではないことと、距離があること。それに、さすがの〈オーガスタ〉もこれだけの人数分の食料を簡単に運んでくることはできない。毎朝、耳慣れたお祈《いの》りのような声と泣き声が耳に入ってきた。亡くなった人を埋めているのだ。とはいえ、ここに来てすぐに子どもたちの体重やサイズを測ったときは、心からほっとしたものだ。少なくともここの人たちは、メケレの人たちよりはまともに食べているとわかったからだ。私たちは、五歳未満で、身長体重比が七五パーセント未満の子どもを〝選別〟していった。選んだ子には、メケレの子どもたちに与えたのと同じ、塩分とカロリーを加えた特別なミルクを与えて体力を回復させることになる。

マイチューにやってきた国際赤十字のスタッフは四人。ひとりはハンス・ピーター。スイス出身で、地元当局との連絡調整や、食料を含む物資の運搬《うんぱん》、配布を担当する。職業は獣医《じゅうい》で、故郷では農場を経営している。毎年春になるとスイスに戻り、サクランボの収穫をする。いつも地元の人々との交流を大切にして、自分から話しかけていき、なにかあれば手を貸そうとする姿勢が印象的だった。自分のポケットマネーを出して、地雷で片脚《かたあし》を失ったセンターの調理師に義足を作ってあげたくらいだ。もうひとりはマックス。陽気で働き者で、いかにもフランス人という感じの医師。年は三十代で、どんなときもフランス製のタバコを手放さない。国境なき医師団で何年も働いた経験がある。難民の救済については、理論は理論、現場での実践は実践だということを理解していた。たとえば、子どもが何杯のミルクを飲んだかを管理するときに、カルテを作るのではなく、母親に頼んで、炭で子どもの腕に数を書かせるようにする。あるいは、消毒薬なんかなくても石けんと水でじゅうぶん清潔に過ごせることを地元スタッフに教える、という具合だ。そしてあとのひとりはヘレン・ストーントン。私と同年代の看護師で、赤毛のアイルランド人だ。頭の回転が速く、情熱的で、いつも私たちを笑わせてくれる女性だった。ウガンダで乗っていた車を襲撃され、胸を撃たれて二ヶ月ほど休養してから、現場に復帰したばかりだ。私たち四人は相性《あいしょう》がぴったりで、やる気でいっぱいだった。メケレにいたときより気持ちよく働けたし、いつのまにか友だちも増えていた。

新しい食料給付センターは、一九八五年二月のはじめに完成した。屋根のトタン板からビニールシートに至るまで、すべてを新たに揃えなければならなかった。アジスアベバの市場まで遠征《えんせい》して、スプーンとプラスチックのカップを五〇〇組と、調理道具や食器用洗《せん》剤《ざい》などを買ってきた。三方を波形トタン板で囲い、地面をビニールシートで覆った部屋が三つあった。七五人から一〇〇人の子どもたちと、その保護者が入れる広さだ。そのほかに大きな調理室、貯蔵室、シラミ駆除《くじょ》室、簡易トイレが作られた。

このような新しいプロジェクトを立ちあげるには、通常長い時間がかかるものだ。地元のスタッフを雇って、仕事を教えなければならない。読み書きのできないスタッフも多いし、私たちが現地の言葉を話せないので、ますます面倒なことになる。やってほしいことの指示を出そうにも、彼らにとって初めてのことばかりだから、なかなかわかってもらえない。そんなわけで、地元スタッフのラヤ・ベライが現場責任者になってくれたのはありがたかった。日々のルーティーンワークをスムーズに回してくれる。本来なら私が毎日現場のようすをみて、うまくいかないことがあったらひと働きしなければならなかったが、ラヤがいてくれるおかげでその手間がなくなった。私たちがラヤを雇ったのは、すでに学校を卒業していたし、英語がうまかったからだ。年齢《ねんれい》は三十五歳で、スタッフのなかでいちばんの年長。そして笑顔が素敵だった。面接のとき、ラヤは赤十字国際委員会の歴史を最初から最後まで暗唱してくれた。準備の時間は丸一日しかなかったことを考えると、なかなかの出来だった。私たち赤十字の人間にも、その歴史を暗唱することができる人なんていないだろう。

私がディスレクシア（読み書き障がい）であることが役に立つこともあった。人になにかを伝えようとするとき、言葉以外の手段で説明するのに慣れていたからだ。たとえば手洗い。ばい菌やバクテリアに感染しないようにするためには、水と石けんで手を洗うのが重要だ。それを言葉で伝えても、相手は「わかった、わかった」というばかりで、実際にやるのは流水で手を濡らすだけ。そこで私は、唐《とう》がらしを刻んだ手を水に浸《ひた》して目をこすったらどうなるか、実演してみせた。それからラヤの通訳を挟《はさ》んで説明する。「ばい菌はこの唐がらしみたいなものなの。唐がらしの辛《から》い成分は目にみえないのと同じで、ばい菌も目にみえないのよ」人々はよくわかったといって、それからは手をきちんと洗うようになった。

料理人の指導にはヘレンと私が当たった。初日は大失敗。かなりの量の材料を無駄にしてしまった。料理人たちは私たちの説明をひとことも理解していなかったのだ。そこで私は必要な材料を絵に描いて、その紙を調理室の壁に貼《は》った。材料を量《はか》るのにはバターオイルの空《あ》き缶《かん》を使う。脱脂粉乳を三杯、バターオイルを二杯《はい》、砂糖を一杯。それと、彼らはまずは水を火にかけて沸騰《ふっとう》させなければならないというのをわかっていなかった。そこで私はまず、ぶくぶく沸騰しているお湯の絵を描いて、その音を口真似《くちまね》した。彼らが大笑いする。次に、脱脂粉乳とバターオイルと砂糖をすべて入れたバケツの絵を描いてから、それをお湯に入れて混ぜるジェスチャーをした。数日後には、なんの問題も起こらなくなった。

ミルクの支給を始めたのは二月四日。最初の週の終わりには、対象の子どもの数は七〇〇人になっていた。アジスアベバの本部からは、最初は一五〇人くらいから始めて、スタッフが仕事に慣れてきたらだんだん増やせばいいといわれていた。でも、マイチューの状況をみたとたん、マックスが「栄養が必要な子どもすべてを受け入れなきゃだめだ」といいだし、実際そのとおりになった。キャンプにいる子どもたちを〝選別〟し、高カロリーのミルクを一日四回飲ませる。でも、脱水と下痢のせいで弱っている子どもが多かったので、ミルクの前に、塩を入れた経口補水液を飲ませるようにした。ミルクを子どもたちの体が受け付けて、ちゃんと消化できるようになると、次は高カロリーミルクに小麦粉を入れたおかゆを与えはじめた。おかゆを作った初日は、まるでアイスクリームの売店でもやっているような気分になった。三〇人ほどの母親が我先に駆けこんできて、互いを押しのけながら、おかゆを手に入れようとしたのだ。そんなことをしなくても、量はたっぷりあるのに。おかゆが大人気なのはうれしかったが、一抹《いちまつ》の悲しさもおぼえた。人は、生きるためならこんなふうに威厳《いげん》を捨ててしまうものなのか。

食事の結果はすぐにあらわれた。子どもたちの顔がふっくらしてきた。マッチ棒みたいに細い脚で、元気にあたりを駆けまわる。笑顔もみられるようになった。元気になった子どもたちをプログラムからはずすことにはためらいを感じた。あまり早いうちにはずしてしまうと、数日後にまたここに戻ってくるはめになるかもしれない。実際、メケレではそういうケースが多かった。しかし、その心配は杞憂《きゆう》に終わった。回復した子どもたちをプログラムからはずし、新しい子どもたちを迎えて食事を与えた。死亡率が半減した。

はじめのうちは、取り組むべき問題がいろいろあった。ひとつは子どもたちの疥癬《かいせん》だ。ほとんどの子どもは全身に疥癬が広がっていた。これをなんとかするには、子どもだけでなく、家族全員の治療が必要だ。家族全員がくっついて眠るから、ひとりがよくなっても、結局また感染してしまい、きりがない。まずは、過マンガン酸カリウムの溶液《ようえき》を作って温めた風呂《ふろ》のようなものに子どもたちを入れた。子どもたちはいやがるし、お湯がすぐ冷めるという問題もあった。そのあと、子どもたちの両手を石けんで洗い、安息香酸《あんそくこうさん》ベンジルの溶液を体に塗る。これだけの手間をかけても、私たちは負け戦《いくさ》を戦っているようなものだった。疥癬は感染力が高いし、住環境《じゅうかんきょう》はどうすることもできない。いったんは治ったようにみえても、またすぐに家族のだれかから感染する。

同僚たちとは、人を助けることについての考えかたも似通っていた。人を助けるには自立を助けることがいちばん大切だ。そうすることによって、外部からの援助を受けなくても暮らしていけるようになる。マイチューは治安に問題があり、いつティグレー人民解放戦線の手に落ちてもおかしくない。そうなると、私たち赤十字の力を借りることなく食料給付センターを運営していくことが必要になる。

地元の赤十字スタッフには、肺炎と気管支炎《きかんしえん》の診断のしかたや、どういう状況のときに抗生物質を処方するべきかを教えた。

私の役割は、すべてを監督《かんとく》、調整すること。たとえば子どもの名簿《めいぼ》を作って、毎日センターに来ているかどうかや、死亡の記録をつけた。若い現地スタッフひとりにつき五〇人の子どもを担当させ、食事の時間に全員が来たかどうかを確認する。姿をみせない子どもがいれば、住んでいるはずのテントにようすをみにいくことになっていた。子どもが死んだ場合、悪魔《あくま》に連れていかれるのを恐れた親が遺体を隠していることが多い。現地スタッフが食料をくすねるなどの問題にも対応しなければならなかった。

食料給付センターには、併設《へいせつ》の診療所も作った。スイスやイギリスの基準からすると原始的としかいえないようなものだが、エチオピアの基準からするとなかなか立派なものだった。体が弱って命が危ない子どもを九〇人収容して、集中的な栄養補給を施《ほどこ》すことができる。脱水症状のとくにひどい子どもには、抗生物質などの薬を投与することもあった。薬は毎日、一日分だけを渡す。一日三食をきちんと食べるような生活をしていない家庭では、子どもに薬をのませるのを忘れてしまったり、症状がよくなったようにみえると、〝これは魔法《まほう》の粒《つぶ》だわ〟と考えた母親が、ほかの家族にあげてしまったり、市場で食べ物と交換してしまったりすることがあるからだ。

食べ物が薬と同じくらい、あるいは薬以上に大切だということを母親にわかってもらうのに、とても苦労した。センターでの救済プログラムを卒業し、薬だけのんでいる子どもの母親が、なかなかそれを理解してくれない。そのせいで子どもが餓死《がし》してしまうこともあって、歯がゆい思いをしたものだ。

たくさんの子どもたちに囲まれて仕事をするうちに、とくに仲良くなった子どもたちもいた。ひとりはアブハナ。ダネケル地区の遊牧民族アファルの子どもで、ちょっと生意気な二歳の女の子だった。体力が回復して元気になると、いつも私のあとを追いかけまわし、私の膝にのろうとする。そして私の胸に触れる。おっぱいを飲もうとしているのだ。母親以外の人も子どもを抱っこしておっぱいをあげるのが当たり前という土地柄《がら》だから、子どもがそうするのは自然なことだった。残念ながら私は期待に応えられなかったけれど。

もうひとりはアソフ。アブハナと同じアファルの女の子で、疲《つか》れ果《は》てた父親に連れてこられた。ダネケルから三週間も歩きづめだったそうだ。マイチューに到着する直前に、アソフの兄は亡くなった。アソフは、赤いTシャツを着て、手首に青と白のビーズ飾《かざ》りをつけていた。父親の腕のなかで、身じろぎもせず、声も出さず、ひたすらじっとしていたのを覚えている。スプーンでゆっくりミルクを飲ませても、なかなか飲みこんでくれない。父親は一日じゅう苦労していたが、子どもは結局ほとんど飲まなかったようだ。しかし翌日の朝にはスプーンから飲みはじめ、午後にはカップから飲むようになった。週の終わりには自分ひとりで立って走りまわっていた。アソフは私に駆けよってきて、私の髪をなでた。自分の髪と全然違うのがおもしろかったらしい。それからまもなく、私は父親が友人たちといっしょにヤギの内臓を食べているのをみかけた。アソフを助けてくれたお礼に、いっしょにどうですかと声をかけてくれたが、私がぎょっとしているのをみて、笑っていた。

ハゴスという四歳の男の子もかわいかった。おしゃべりをしながら何度も私にキスをしてくれる。いつでも鼻水を垂らしながら。私がセンターに入っていくと、喜んで駆けよってくる。クレアとうまくいえなくて「クリア、クリア」と叫びながら、私のスカートをつかみ、休みなくおしゃべりしながら、どこに行くにもついてくる。私とは言葉がまったく通じないのに、そんなことは関係ないようだった。あまり食べていない子や具合の悪そうな子に私が声をかけていると、ハゴスもその子たちに明るく声をかける。なにをいっていたのかはまったくわからない。ともあれ、アブハナやアソフやハゴスは、私の毎日を明るくしてくれた。

私たちの敵は飢餓だけではなかった。状況によって、ちょっとした病気や怪我が命取りになる。ふつうに食べてふつうに眠れている生活のなかでなら軽い不調で終わるものが、ここではなかなか治らないしつこい病気になってしまう。ましてや深刻な事故でも起ころうものなら、陸の孤島にある状況を呪《のろ》うしかなくなるのだ。

三月のある日、子どもたちの話し声をかき消すような甲高《かんだか》い悲鳴がセンターに響きわたった。ふと顔をあげると、料理班長を務めるアルマズが、ぐらぐら沸《わ》いている一〇〇リットルの湯のなかに落ちていた。私は急いで駆けよって、大鍋《おおなべ》からアルマズを引っ張りだした。水場に連れていって服を脱がせ、冷水をかけてやったが、脚もお尻も腕も火傷《やけど》を負っていた。ただ、範囲《はんい》は広いものの、それほど深い火傷ではなさそうだった。それでも感染が心配だ。包帯が足りないので、急いで彼女を村の健康センターに連れていった。そして、その五分後には後悔していた。通された部屋がとても不潔だった。スタッフの両手も汚《きたな》いし、床に落としたガーゼをそのまま使おうとする。アルマズを助けたいという気持ちは伝わってきたが、これでは助かるものも助からない。

アルマズを自宅に連れていく途中で私の部屋に寄り、清潔なシーツを何枚かと殺菌《さっきん》クリームを取ってきた。もともとおむつかぶれに使うためのクリームだが、ここの子どもはおむつをしないので、新品の殺菌クリームが何十本も余っていた。アルマズの家に着くと、私は殺菌クリームをアルマズの体に塗り、きれいなシーツの上に寝かせた。経口補水液を飲ませて脱水を防ぐ。かわいそうに、アルマズは痛みに悶《もだ》えくるしんでいた。二時間後、マックスを連れてきて診察してもらったが、できることといえば、抗生物質を飲ませて安静にさせ、痛み止めを注射するだけ。そして救助を要請《ようせい》した。

翌日の朝十時半、ビルがいつもの飛行機〈オーガスタ〉でこちらに向かっているとの連絡を受けた。アルマズは激痛を訴え、嘔吐を繰り返していた。私は新しいシーツで彼女の体をくるんだが、もうすぐ〈オーガスタ〉が到着するというときになって、ふと気づいたことがあった。アルマズと、彼女に同行する弟のための、移動許可証が必要だ。治安部隊の許可なしに村を出ることはできないのだ。私はあわてて書類を作り、治安部隊のオフィスでサインとスタンプをもらって、アルマズを送りだした。「帰ってくるときに服を買いなさい」と書いてお金を入れた封筒を渡しておいた。驚いたことに、六週間後に帰ってきたアルマズはすっかり元気になって、新しい服を着ていた。幸運だったとしかいいようがない。

11 感染拡大

マイチューにいた半年間、私は村の宿屋で寝起《ねお》きしていた。土壁の平屋で、外壁《がいへき》は白く塗ってある。客のほとんどはトラックの運転手で、夜になると地元の女の子たちが部屋に入り、朝になると出ていく。〝運転手に安らぎを与える仕事〟は、ここでは当たり前に認められている。宿屋の部屋はとても狭《せま》くて、ベッドとベッドサイドテーブルと椅子《いす》がやっと入るくらい。戸棚《とだな》も本棚《ほんだな》もないから、私物はスーツケースにしまっていた。洗面用具の入ったバッグは、ドアに釘を打って、そこに掛《か》けておいた。小さな鏡もそこに吊した。部屋の窓にはガラスが入っていなくて、木製の雨戸がついているだけだったし、その雨戸もスムーズには開け閉めできない。部屋の明かりは一五ワットの電球がひとつだけ。それも、発電機が止まると消えてしまう。私が電球を六〇ワットのものに換えようとしたときを含めて、停電することはしょっちゅうあったので、代わりにキャンドルを使ったものだ。鮮やかな緑色の壁にはこまめに殺虫剤を吹きかけていたが、ほとんど意味はなかった。センターでついたノミに食われてしまうからだ。

町の井戸から水を汲んできてくれる女性がいたし、料理人もバケツの水を分けてくれたが、水はいつもあるわけではなかった。どぶの水みたいな濁《にご》った水しかないこともあったし、水自体がまったくないこともあった。そういうときは、センターの水を空き缶に入れて持ち帰る。そのうち、最少限の水で顔や体を洗うテクニックを身につけた。

宿のトイレはとにかくにおいがきつかった。アンモニア臭《しゅう》が鼻をつくどころか、目にしみて涙が出るほど。みんながきちんと穴のなかに用を足してくれればいいのだが、必ずしもそうではないから、暗いトイレで用を足すときは注意が必要だった。足元だけではない。壁も汚れているから、手をつくことができない。ハンス・ピーターと私がふたりして食あたりをしたときは最悪だった。ある日の夜、珍しく牛の胃袋《いぶくろ》が夕食に出た。ヘレンはにおいを嗅《か》いで怪《あや》しいと思ったそうで、手をつけなかった。でも、ハンス・ピーターと私はおなかがぺこぺこだったので、食べずにはいられなかった。といっても、食べたのはほんの二口か三口。それなのに、二時間後にはひどい下痢と嘔吐が始まった。そんなときに、あのトイレを使わなきゃいけないなんて！　しゃがんで用を足したあと、立ち上がろうとすると、弱った体がふらついてしまう。でも、汚い壁に手をつくわけにはいかない。おろしたズボンだって汚れ放題だ。ハエが飛んできてすぐに顔にとまる。追い払おうとしても間に合わない。ふたりともいったんトイレに入るとなかなか出られないので、待っているほうも、これまた最悪だった。

朝までにすっかり衰弱《すいじゃく》してしまった私たちは、軍のヘリコプターでメケレまで運ばれ、そこから〈ハーキュリーズ〉でアジスアベバにあるロシアの病院に運ばれた。さらにそこから、ハンス・ピーターはスイスに帰ることになった。私もいっしょに飛行機に乗り、スイスからイギリスに飛んだ。自宅で一週間休養してからマイチューに戻った。

ある夜、ひどいにおいのトイレに向かうとき、ふと視線をあげて空をみると、北斗七星《ほくとしちせい》がみえた。二ヶ月前からずっと探していたのにみつからなかった星座だ。オリオン座やプレアデス星団（すばる）はみえていたのに、北斗七星はなかなか地平線から顔を出してくれなかった。すごくうれしかった。故郷でいつも会っていた友だちに再会したような気分だった。

マイチューに移ってまもなく懐《なつ》いてくれた村の子どもたちがいた。ひとりは五歳くらいで、ポリオにかかったらしく、歩くことができなかった。晴れの日は土埃、雨の日はぬかるみにまみれて、地面を這って移動している。そばにはいつも十歳くらいの（六歳くらいにしかみえなかったが）姉がいた。いつもまわりの人に食べ物をもらって暮らしているようだった。朝、私はふたりにパンと甘いお茶をあげるのが日課だった。このへんで採れる唯一《ゆいいつ》の果物、ウチワサボテンの実をあげることもあった。ひどい暮らしぶりのわりに、ふたりはとても健康だったし、妹の笑顔はとても愛らしかった。あるとき、おもちゃの飛行機をあげたことがある。バターオイルの空き缶とタバコの空き箱を使って私が作ったもので、〈オーガスタ〉みたいな形をしていた。マイチューの子どもたちはみんな、飛行機が大好きだ。〈オーガスタ〉が来るまで、飛行機を間近でみたことなどなかったからだろう。子どもたちも空き缶や段ボールを使って飛行機を作っていた。センターに来ていた子どもが回復すると、両手を広げてエンジンの口真似をしながら、センターのなかを走りまわる。元気になった印だから、そんな子どもたちの姿をみるのはとてもうれしかった。そういえば、子どもたちが楽しく遊ぶ姿なんて、ずっとみていなかったんだ——そう思ったものだ。

マイチューに食料給付センターを作ってすぐ、マホーニにも小規模センターを作ることができた。マホーニはマイチューから六〇メートルほど低いところにあって、〈オーガスタ〉で八分ほど飛べば到着する。マホーニの難民たちの栄養失調もひどい状態だった。弱ってしまってマイチューまで登ってこられないから、マホーニにとどまっている人たちなのだから。私がマイチューを仕切っているあいだに、ヘレンがマホーニに行って、センターを開く準備をした。それからはふたりでお互いの仕事をカバーしながら、二ヶ所のセンターを運営していった。だから私もときどきマホーニに行く。マイチューとマホーニを合わせて、一一〇〇人の子どもの面倒をみることになった。メケレのセンターでみている子どもたちと同じくらいの数だ。でも、メケレには国際赤十字の看護師が五人と医師がひとりいる。こっちは看護師ふたりと医師がひとり。それでも私たちはなんとかやっていた。

ところがある日、マイチューに戻ってきたヘレンから、マホーニにコレラ患者が出たという報告があった。ヘレンはコレラの大流行を経験したことがあったので、症状をみてすぐにわかったそうだ。あわてることなくアジスアベバに連絡し、医療コーディネーターに報告を入れた。コレラにかかった人たちを脱水症状にさせないことがなにより大切だ。それと同時に、感染をできるだけ広げないためには、衛生状態を改善しなければならない。私たちはマホーニに向かった。幸い、マホーニのセンターには大型のテントをふたつ建てたばかりだったので、それをコレラの患者用に使うことにした。患者の目は落ちくぼみ、肌と唇《くちびる》はからからに乾いて、呼吸が浅くなっていた。意識を失っている人もいたし、みな例外なくひどい下痢と嘔吐をしている。たまたまマイチューを訪れていてマホーニに同行してくれた衛生の専門家が井戸を消毒し、新しいトイレの設置をして、人々に使いかたを教えた。

点滴用の留置《りゅうち》カテーテルが不足していた。子どもや赤ん坊に使う翼状針《よくじょうしん》ならあるが、これだとおとなには注入速度が遅すぎる。結局、針を刺してそのまま固定することにした。患者にとっては痛みを伴う方法だし、ちょっとでも肘《ひじ》を曲げたり動かしたりすると、針の先が血管を貫通《かんつう》して、薬液がまわりの組織に漏れてしまう。

記憶に鮮烈《せんれつ》に残っているのは悪臭《あくしゅう》だ。その悪臭のなかで、私たちは休みなく働きつづけた。大人も子どもも、コレラの特徴《とくちょう》である重湯《おもゆ》のような白い水便にまみれていた。私たちもそこに膝をつき、患者に点滴針をつける。そのかたわらで、母親が自分のショールを使い、糞便《ふんべん》で汚れた子どもの体を拭き、そのショールで、まだコレラにかかっていない赤ん坊を包んだりする。西洋人の目には信じられないような衛生観念だが、彼らはずっとそうやって生きてきたのだから、どうしようもない。

生後三ヶ月の赤ん坊がいた。泣き声もあげられないくらい衰弱していた。細い血管に針を刺そうとしてもなかなかうまくいかない。どんなに丁寧《ていねい》にやっても、何度やっても、おでこから肘、頭皮、脚に至るまで、体のどこの血管を試しても、だめだった。赤ん坊は過呼吸を起こし、目の焦点《しょうてん》が合わなくなってきた。その上、点滴の手伝いを進んでやってくれたアシスタントは、トイレ掃除も担当しているスタッフだとわかった。やはり衛生観念をどうにかしなければならない。

悪夢のようだった。点滴をつけようとしたら患者はもう死んでいたり、点滴をつけた子どもを動かさないでと母親に叫ばなければならなかったり、テトラサイクリン系の薬を砕いて子どもに飲ませたと思ったら、こちらの顔めがけて吐きもどされたり、地面に敷いたビニールシートをきれいにしようとしたスタッフがシート全体にモップをかけて、結果として汚れを塗りひろげてしまったり――そんなことばかりだった。それに、テントのなかはひどい暑さだった。でも、休憩する余裕なんかない。ときどき一瞬《いっしゅん》手を止めて、マイチューから持ってきた水を飲んだり、パンをひとかけかじったりするのが精一杯だった。

泣《な》きっ面《つら》に蜂《はち》というべきか、猛烈《もうれつ》な嵐がやってきた。ものすごい雨、そして洪水《こうずい》がキャンプを襲った。点滴を受けている患者が深さ一五センチの水に漬かっている状態だというのに、トイレがあふれた。糞便まじりの水のなかで横たわる人、歩きまわる人、働く人。生きるか死ぬかという深刻な事態でなければ、まるでジョークみたいな状況だ。でも、私たちはマイチューのセンターに戻り、着替《きが》えて温かいものを飲み、食事をして、屋根のあるところで眠ることができる。家を失った人々にはなにもない。

衛生状態を改善することで、コレラ患者はやがていなくなった。ありがたいことに、マイチューのセンターで広がることはなかった。私たちが抗菌薬《こうきん》をのみ、清潔な水しか口にしないように気をつけた成果だ。食べ物にも念入りに火を通した。一ヶ月後、マイチューの食料給付センターに通常の日々が戻った。

コレラとは別のピンチもあった。危険は回避《かいひ》できたものの、いま思い出しても冷や汗が出るような出来事だった。赤十字の車がセンターに近づくと、子どもたちが駆けよってくる。赤ん坊を抱いた母親までが、それに加わることもある。四歳から六歳の子どもがいちばん無謀《むぼう》で、私はいつも恐ろしい思いをしていた。ラヤによると、彼らは自分たちが悪魔に追われていると信じていて、車の前に飛びだすことで悪魔をやっつけようとしているとのこと。ラヤがその場にいれば、子どもたちを叱り、危ないことはするなと話してもらえる。でもある日、私がひとりで車に乗っていると、ひとりの少年が車の前に飛びだしてきた。私は急ブレーキをかけて車を止め、外に出ると、片言の現地語で男の子を叱った。そして車に戻ろうとしたとき、それは起こった。サイドブレーキの引きかたが甘かったらしい。ランドクルーザーが坂道をゆっくり動きだして、だんだんスピードをあげていく。坂の下にはテントがたくさん並んでいる。私は必死に追いかけたが、どうしようもなかった。幸い、車はたまたま途中の木にぶつかって止まってくれた。私は苦しんでいる人々の命を救うためにここに来たのに、もう少しで罪もない人々を殺してしまうところだった。考えただけで寒気がする。しばらくのあいだ、このことはだれにもいえなかったし、家族への手紙にも書けなかった。車からおりて子どもを叱ることは二度としなかった。

　軍の動向はいつも気になっていた。気にしないようにしようとしても無理だった。銃声がほんの二、三キロ先からきこえてくることもあるし、兵士候補生の訓練がマイチューで行われることもある。走っているときの掛《か》け声《ごえ》がきこえてきたり、着陸訓練や地上からの救助訓練をするヘリコプターの音がきこえてきたりする。ただ、彼らがなにをしているのか、公式には知らされていなかった。私たちの仕事は、人々の苦しみを取りのぞくことであって、政治的な問題に首をつっこむことではない。

　五月までに、マイチューのセンターには変化があった。マックスの契約が切れて、同じくフランス人のリリアがやってきた。ウルグアイで小児科の研修を受けたという女性医師だ。私はエチオピアの食料給付センターでの医療のありかたをみて、現実がよくわかっていたが、リリアはショックを受けていた。どうしてこんなに簡単な治療しかしないんだろう、そう思って驚いたようだ。私たちがすることといえば、子どもが病気なら抗生物質と、場合によっては食塩水を与え、子どもが飢えていれば、ちゃんと食べさせるようにと親に指導をする。それ以上複雑なことは、ここではしない。リリアの気持ちはよくわかったが、同時に、マックスとヘレンと私がどんなにうまくやっていたかが思い出されて、ばらばらになってしまったのが寂しく思えた。

ほかのスタッフもばたばたとマイチューを去っていった。衛生管理技師も、ハンス・ピーターも。〈オーガスタ〉のパイロットもビルからウォルターに変わった。ウォルターはビルと同年代の男性で、鮮やかなオレンジ色の帽子《ぼうし》と飛行服がトレードマーク。無謀な飛びかたをするので怖い思いをすることもあったが、山の端《やまは》すれすれに飛ぶのはスリルがあって楽しかった。

一九八五年の六月、私の契約も終わりに近づいた。エチオピアの人々を助けるために働いた一年間で、私は心身ともに疲れはて、家に帰りたくなりはじめていた。懐かしい通りを散歩したい。青々とした木々や、穀物の実った畑を眺め、もぎたてのリンゴをかじりたい。スイッチを軽くひねるだけでお湯や水がたっぷり出てくるバスルームや、父の大切にしている庭が恋しい。イギリスに帰ったら、まずはとにかくゆっくり過ごそう。子どものころやっていたように、庭にテントを張って寝るのも楽しそうだ。頭のなかにいろいろな光景を思いえがいた。だれにも珍しがられず、だれにも指をさされず、名前を呼ばれることもなく、三〇人、四〇人もの子どもたちに追いかけられたり服を引っ張られたり握手を求められることもなく、ひとりで外を歩きたい。夜間の外出禁止の時間帯など気にせず、検問を意識することもなく、自由に好きなところに出かけたい。イギリスの田舎でのんびりしたい。病気や疲労と闘うのはもういや。自分の時間がほしい。そしていろんなことを考えなければならない。帰るのが待ちどおしい。

12 声なき歌

みずみずしい青葉と美しい畑がはるか遠くのほうまで広がっている。やさしい香りの漂う菜の花畑を、ミツバチが忙しく飛びまわっている。庭のそばに広がる森に足を一歩踏みいれれば、そこは静寂《せいじゃく》の世界。木々のあいだにハンモックを吊るせば、このうえなく穏やかなひとときを楽しむことができる。スーパーマーケットの棚《たな》には、果物や野菜をはじめとした食べ物が必要以上に並んでいる。多くの車が行《い》き交《か》う高速道路がある。きちんとした服を着た男性や女性が仕事場に向かったり、家族で楽しいお出かけをしている。にここに笑う健康そうな赤ちゃんたち。頬をバラ色に染めて走りまわる子どもたちも、いかにも高そうな服を着ている。

そんな生活が私を迎えてくれた。

地球の反対側では、飢えて死にそうな人たちがいる。

その事実を、なかなか受け入れることができなかった。スーパーマーケットに入っていくのにも勇気がいった。キャットフードやドッグフードでさえこんなにたくさんの種類があるなんて、どうかしている。トイレに入っても、水を流すのに抵抗《ていこう》を感じた。一回につき一〇リットルもの水を流すなんて、どうしてそんなことができるの？　食べ残したものをどうして捨ててしまうの？　賞味期限の切れた食べ物を母親が捨てようとしているのをみたときも、絶対に捨てちゃだめといわずにはいられなかった。

エチオピアから戻って十日ほどたったころ、私は家族と車に乗っていた。母、姉のアン・マリー、その娘のソフィー。ソフィーが泣きだしたとき、姉が「急いで」といった。「ソフィーがおなかをすかせてるの。早くミルクをあげないと大変」私はかっとして、思わず叫んだ。「おなかをすかせてる？　大変って、なにが？　こんな丸ぽちゃの赤ちゃんがちょっとおなかをすかせたからって、全然大変なんかじゃないわよ！」

車内がしんとした。ソフィーまで泣きやんでしまった。姉は言葉をなくしている。姉は私がみた世界をみていないんだから、わからなくても当たり前だ。理解してほしいと期待するほうが間違っている。

疲れてしまった。このカルチャーショックに対応するには、自分の殻《から》にこもるしかなかった。だれとも話したくなかったし、食べるものも、着るものも、天気も、なにもかもどうでもいい。家族や友だちはエチオピアの話をききたがる。私はまだ、マイケル・バークによるたった五分間のインタビュー映像が人々に与えたインパクトがどれほどのものか、わかっていなかったのだ。映像を一度もみていなかった。とにかくひとりになりたかった。犬の散歩に出て、ずっとそのまま歩きつづけたかった。

「お天気はどうだった？」

「エチオピアって、暑いの？」

「最悪なことって、どんなことだった？」

「買い物も行けずにどうやって暮らしたの？」

「生理のときはどうしたの？」

そんな質問ばかりされると、大声で叫びたくなった。そんなこと、どうでもいいでしょ？ と。エチオピアでの生活なんて、私自身のライフスタイルとは関係ない。本当の問題はどこにあるのか、それを考えるべきではないか。たぶん、自分とも関わりのあることがらや、理解しやすいことがらについてのほうが、そうでないことよりも質問しやすいのだろう。同時に、私がみてきた命をかけた闘《たたか》いとはどんなものか、想像ができなかったのだろう。なにを考えるにしても自分の快適な暮らしを基準にするしかないし、それはエチオピアの水準からするとものすごく贅沢《ぜいたく》なものだ。それにみんなは、エチオピアの人々の苦しみがいまも続いているということや、私がたくさんの飢えた子どもたちを見殺しにする役割を担《にな》っていたことを、表面的にしか理解していない。しかも私は、メケレやマイチューのお年寄りにはほとんどなにもしてあげられなかった。若いころ、国のためにいっしょうけんめい働いてきたのに、歳《とし》をとって体が弱り、自力では生きていけなくなった、そんな人たちを助けられなかった。自分の両親だったらどうだろうと考えると、胸がしめつけられる。

私が海外から帰ってくると、両親はいつもテーブルにごちそうを並べてくれる。ソーセージと手作りのグレービーソース、ニンジン、ニラネギのホワイトソースがけと、ジャガイモのロースト。デザートにはプラム。そして必ずこういう。「さあ、旅の話をきかせて」今回もいつもと同じだ。でも、私は話せなかった。あのつらい経験を両親に話す勇気が出なかった。話してもとてもわかってもらえないと思ったから。言葉でいくら伝えようとしたって、限界がある。どんなにおいがしてどんな音がきこえて、自分がどんな役割を果たしたか、それを言葉にすることはできても、しょせんは言葉だけなのだ。だったら話さないほうがいい。そのほうが簡単だ。

新聞記事を読んだ地元の学校から電話がかかってきて、生徒たちに話をしてくれと頼まれたが、私はできないと答えた。できない理由を必死に伝えようとしたが、電話をかけてきた人は不満そうだった。「すごく意味のあることなのに、どうしてだめなんですか？」そういわれた。期待に応えられなくて、とても申し訳ない気持ちになった。

大変な仕事をしてきたんだねと褒めそやしてくれる人は多かったが、自分がヒロインでもなんでもないことは、自分がいちばんよくわかっていた。私はたくさんの人を見殺しにしたのだ。その気持ちをどう説明すればいいかわからなかった。でも、父だけは理解してくれたようだ。父は、私の経験は戦争と同じだと考えた。戦争に行ったことのある父は、それがどんなにつらい経験か知っていた。私は、父が戦争の話をするのをきいたことがない。父はいっさい口を挟むことなく私の話をきいて、庭仕事に誘《さそ》ってくれた。いっしょに花壇《かだん》や菜園を作り、苗《なえ》を植え、芝生《しばふ》を刈《か》った。心が安らかになるのを感じた。土や草や葉っぱや花や雨のにおいに包まれて、生き返ったような気がした。

私は宗教にはとくに興味がなかったが、レバノンにいたときに父に手紙を書き、お祈りのしかたを教えてほしいと頼んだことがある。父は返事をくれた。毎日静かに過ごせる時間を確保しなさい、生活のなかでいいことがあったのを思い出してそれに感謝しなさい、と書いてあった。

父の教えに従おうとはしたが、教会に行くつもりはなかった。そんなとき、学校時代の友だちのウィリアムが連絡をくれた。ウィリアムは教会の合唱隊に入っているとのことで、私もいっしょに礼拝に出てみることにした。なんでもいいから救いのようなものがほしかったんだと思う。そして、自分が抱えている疑問への答えがほしかった。必要なものが世界に均等に分配されないのはなぜ？　ある地域の人たちだけがあんなに苦しまなければならないのはどうしてなんだろう？

結局、私はエチオピアに縛られたままだった。兄のアンドルーが、〈ライヴ・エイド〉というコンサートがあるからチケットを取ってやろうか、と声をかけてきた。私は行きたくなかった。そんなコンサートに私が行く理由がないし、そもそもそのコンサートとエチオピアとの関係も知らなかった。もちろん私との関係も。コンサートひとつでなにが変わるというの？　一国の窮状《きゅうじょう》をネタにして、ミュージシャンたちが懐《ふところ》を潤《うるお》しているだけのことでしょう？　そんなことで世のなかが変わるはずがない。エチオピアという国のためにコンサートを開くなんて、全然現実的じゃない。マイケル・バークと私とのインタビューをみたボブ・ゲルドフが〈バンド・エイド〉を作り、それが〈ライヴ・エイド〉をやるんだといわれても、ぴんと来ない。エチオピアでの経験は、私にとっては過去のこと。過去を振り返りたくはない。あの惨状《さんじょう》をこの目でみたというだけでじゅうぶん。もう思い出させないで。

〈ライヴ・エイド〉が開かれたのは、七月のとても暑い日だったと記憶している。私は自宅のソファに座り、テラスのドアをあけっぱなしにしてテレビをみていた。まずはベルハンの映像が流された。飢えていた子どもたちのひとりだ。次にその父親が、息子《むすこ》を助けてくれと懇願《こんがん》する映像。何百万という人々の心がエチオピアに向けられるのを感じた。私の頬にも涙が伝っていた。すごく冷めた目でみていたはずなのに。そして次の瞬間、パニックに襲われた。自分がみてきたこと、経験してきたことすべてがよみがえってきて、押しつぶされそうだった。あのときの感情、におい、記憶――すべてがよみがえってきて、消えていかない。ベッドに横になったあとも、私は考えずにいられなかった。

私はPTSD（心的外傷後ストレス障がい）にかかっていたのだ。でも当時は、私のような仕事をしている人間は、それを公言しないものだった。PTSDにかかるなんて、心の弱さのあらわれだ――同業者はみんな、そんなふうに考えていたからだ。だから、だれかに助けを求めようなんて考えもしなかった。なにか新しいことに挑戦《ちょうせん》して、忙しくしていなきゃだめだと思った。自分より恵まれていない人たちを助ける活動を続けよう。世界には苦しんでいる人がたくさんいるんだから。

赤十字国際委員会で働きつづけるには、フランス語が必要だとわかっていた。新しい挑戦をすると同時になにか楽しいことをしたいと思ったので、スイス国内の、フランス語を話す地域にある病院を対象に、職探しを始めた。すると、ヴァァレー州シオンの病院が候補にあがった。スキー場のそばの病院だ。連絡してみると、救急外来の看護師として雇ってもらえた。

すばらしい病院だった。建物はきわめてモダンで、まわりの景色も息をのむほど美しい。ドアは自動で、医療機器も最新のものが揃っている。屋上にヘリポートがあって、ツェルマットやヴェルビエで怪我をしたスキー客を直接運んでこられる。さまざまな専門医が勤務しているし、必要な検査もすぐに受けられ、結果が出るのも早い。なにもかも効率的でレベルが高い。

私と入れ代わる形で看護師がひとり退職したので、その部屋に入ることになった。山の中腹の小さな村に建つ山小屋タイプの建物で、アンズやブドウの木々に囲まれ、谷を見渡《みわた》せる場所にあった。室内は暖かくて清潔。必要なものはすべて揃っていた。小児科に勤務するネリーという看護師も同じ建物に住んでいた。ふたりとも歩くことが大好きだったので、休みの日が合うと、よくいっしょに山歩きをしたものだ。カフェで英会話クラブの人たちが集まっているときは、そこに加わって、スイスの人たちに英語を教えたりもした。教会に行って聖書の勉強会に参加したこともあり、そこでも友だちができた。エチオピアで負った心の傷を癒《いや》したかった。でも、神にすがる方法をいくら教わっても、心の内側が癒されることはなかった。

そんなとき、マイチューにいるラヤから手紙が届いた。

シスター・クレア

……新しい仕事についたとのこと、おめでとう。あれからどうしているか、心配していたんだ。こっちのセンターでは食事をたくさん出せるようになって、子どもたちはどんどん元気になってる。キャンプにいた人たちも、赤十字が配る種を持って故郷に帰っていったよ。いま、センターで面倒をみている子どもはたった三四〇人だから、おれたちの仕事もすごく楽になった。ハゴスはまだ残ってるけど、アブハナはもう元気になって、ここにはいない。マイチューはいま、緑がきれいだよ。雨が降ってくれたから。

センターの活動がうまくいっていると知って、とてもうれしかった。雨が降ったというのも朗報だ。雨さえ降れば飢饉がおさまる。赤十字が人々に配った種は、彼らの故郷で野菜や穀物となり、生活を支えてくれるだろう。

私は病院での仕事に真剣《しんけん》に打ちこんだ。いろんな患者が運ばれてくるので、いつも忙しく、おかげで毎日が充実していた。一年がたったころ、夜勤をしていた友だちが退職したので、私はその後任に手を挙げた。昼と夜のダブルシフトで働けば、一週間の休暇が取りやすくなる。それを利用して、冬はスキー、夏はハイキングを楽しんだ。シャモニー・モンブランで経験したスリル満点の山スキーは最高だった。

いま思い返せば、私が自分の限界を試すようにしていろいろなことに打ちこむのは、子どものころの経験が元になっているのかもしれない。勉強が苦手だったからこそ、いろいろなことを限界までがんばることで、自分という人間の価値を証明しようとしていたのだ。ほかのだれでもなく、自分自身に対して。

私が山で世捨て人のような生活をしている――そんなふうに新聞に書かれたこともあったが、事実はその正反対だ。私はスイスの生活をとことん楽しんでいた。そして、心の平《へい》穏《おん》と、人生を楽しむ余裕を取りもどすことができた。

13 刑務所

　ウガンダで最初に訪れた刑務所《けいむしょ》では、九時から十二時までと、午後二時から五時まで、囚人《しゅうじん》たちと同じ空間で仕事をすることになった。刑務所はとても大きな建物だったが、ネズミだらけで、汚くて、じめじめしていて、薄暗《うすぐら》くて、おしっこのにおいがしていた。イギリスが建てたもので、本来は五〇〇人を収容するためのものだったのに、一〇〇〇人以上の囚人がひしめきあい、その状態もひどいものだった。ひとりのスペースはたった一・五平方メートル。トイレもないし、水のない部屋も多かった。蛇口がある部屋でも、蛇口にハンドルがついていないので、水が出るときはひたすら飛びちり、出ないときはまったく出ない。トイレは何ヶ月も前から詰まったままなので、そこらじゅうが糞便だらけだった。囚人たちはそんな場所を歩きまわり、そんな場所で寝起きし、食事をする。食事も、何ヶ月も前から不足しがちな状況が続いていた。運がよければ一日一回、米が出される。囚人はみな、程度の差こそあれ、ひどく痩せていた。全身が不潔そのものだし、栄養失調と疥癬に苦しんでいた。ここはアウシュヴィッツだろうかと思ってしまうほどのひどい状態だった。

さっそく囚人たちに栄養補給を始めたものの、なかなかうまくいかなかった。それまでの経験からわかっていたことだが、人は飢餓状態がひどくなって体力をなくすと食欲もなくしてしまうのだ。彼らはひどく虐待《ぎゃくたい》されていたし、何年ものあいだ、外の景色をみていなかった。栄養失調がとくにひどい囚人には一日七食、その他の囚人には一日二食を与えるようにした。

さまざまな病気がはびこっていた。監房《かんぼう》を清潔に保つことがどうして重要なのかを私は囚人たちに説明し、それを実践してくれた囚人を褒めた。不潔さの度合いは、その部屋のリーダーによって違いが出るようだった。囚人たちが結核《けっかく》にかかっているかどうかを知りたかったが、みんなが咳《せき》をしたり痰《たん》を吐いたりしているので見極《みきわ》めが難しい。結局、抗生物質を二週間投与したあとも血を吐いたり寝汗《ねあせ》をかいたりしている囚人は結核にかかっていると判断した。痰を検査に出すことはできない。私たちには囚人たちの本名が知らされていないからだ。何人かがハンセン病にかかっていることがわかったので、首都カンパラの病院に移送した。地域ですでに流行していたコレラの患者がいないかと目を光らせていたが、ひどい下痢をしている患者がちらほらといただけで、刑務所内でのコレラ大流行には至らなかったのはありがたかった。

体力が回復するにつれて、囚人たちの多くは人間としての威厳を取りもどしはじめた。

疥癬のチェックをする私たちに、下半身をみせたがらなくなったのだ。弱っていたときは、いわれるままに裸《はだか》になり、列に並んでバケツの水と石けんを受け取っていたことを思うと、大きな進歩だった。

一九八七年の七月、ウガンダは政情不安定な状況にあり、国のあちこちで部族間抗争《こうそう》が続いていた。赤十字国際委員会はジュネーヴ条約に基《もと》づき、戦犯や政治犯が不当な扱いを受けていないかを調査して、必要に応じて刑務所の状態を改善する役割を担っていた。ウガンダでは、多くの人々が刑務所に収容されながら、その存在を外部のだれにも知らされないまま死んでいくという現実があった。政治犯を特別扱《とくべつあつか》いして特権を与える刑務所もあったが、殺人犯や窃盗《せっとう》犯やレイプ犯と同等に扱う刑務所もあった。赤十字国際委員会は中立の立場を守りながら、多くの刑務所に食料給付センターを作ったり、衛生状態を改善したりすることになっていた。囚人たちの虐待を防止するには、赤十字のスタッフが刑務所に日常的に出入りし、囚人たちの話をきき、刑務所の責任者に働きかけて、所内の環境を改善してもらうことが必要だ。

ある刑務所で囚人たちが暴動を起こして銃を手に入れ、バリケードを作って立てこもったことがあった。看守はなかに入れなかったが、私たちは迎《むか》え入《い》れられた。彼らにとって私たちは、食べ物や水など、必要なものを提供してくれる組織だからだ。別の刑務所では、サッカーボールをプレゼントして喜ばれたことがある。無気力、無反応な彼らの顔が、ボールをみてぱっと輝いた。三〇〇〇人の囚人たちが急に生き生きとして、所内にサッカーリーグを作る計画を立てはじめたばかりか、毎日ボールを蹴《け》って運動するようになった。

私がスイスを出たのは一九八七年のはじめ。母が関節炎《かんせつえん》で動けなくなった。私は母に抗《こう》炎症《えんしょう》剤《ざい》などの薬を処方しようとしたが、父が同意しなかった。父は、生のタマネギや茹《ゆ》でた肝臓《かんぞう》を食べるというような民間療法《りょうほう》に頼ろうとした。父と私はそのことで真っ向から対立し、数ヶ月後に結局私が家を離れることになった。赤十字国際委員会に連絡すると、ウガンダで働く看護師が脚を骨折し、短期の代替《だいたい》要員が必要だといわれた。

出発前にはさまざまな注意を受けた。ウガンダはとても危険な国で、とくに私が滞在する予定の首都カンパラでは、強盗《ごうとう》、窃盗、レイプが横行しているとのこと。赤十字国際委員会はすべての女性スタッフにウガンダからの撤退勧告《かんこく》を出したが、すでに現地で働いている人たちは、そのまま残ることを希望したという。私はたしかに不安ではあったが、だからといって行くのをやめようとは思わなかった。護身のための指導も受けた。何人かでいっしょに暮らすこと、常に護衛をつけること、家を明るく照らすこと。スタッフが暮らす家にはすべて、VHF無線が設置してあり、何者かに襲撃を受けたときはすぐに助けを呼べるようになっているとのことだった。

実際に訪れたカンパラの街はとてもにぎやかで、色彩《しきさい》豊かで、活気に満ちていた。栄養状態のよさそうな人がたくさんいて、食べ物や騒音や自転車や車があふれていた。街なかの緑も豊かだ。道路の脇には無数の露店《ろてん》が並び、さまざまなものを売っている。エチオピアでは商店なんかほとんどなくて、果物の缶詰を買うことさえできなかったのに、ここではどんな果物もどんな野菜も、希望のものが手に入る。

とはいえ、国の経済は崩壊《ほうかい》寸前で、インフラも危機的状況だった。そして、人々は貧しい生活や独裁者の存在にうんざりしていた。私たちは白人であるというだけで、襲撃の対象になりやすい。植民地時代のネガティヴな記憶が残っているからだ。貧しい人々はやむにやまれず、物乞いをしたりものを借りたり、ときには盗《ぬす》みをすることもある。襲撃、略《りゃく》奪《だつ》される家もあるときいたので、私物の管理に気をつけるようにした。バッグはみえないところにしまい、ドアや窓には必ず鍵《かぎ》をかけた。

カンパラでの私の住まいは〝ビッグハウス〟と呼ばれていた。たしかに大きくて、部屋が七つあった。そこに住んでいた仲間のうち、三十歳以上なのは私だけで、はじめのうちは自分だけが浮いているような、居心地の悪さを感じていた。その問題を解消してくれたのが栄養士のアランと、衛生専門家のイヴだ。さらに、経験豊富な看護師のエリザベスも加わって、私の生活はにぎやかになった。いっしょに外食に出かけたり、休みの日はいっしょに遊びにいったりした。

私のいた部屋は家のなかでもいちばん大きくて、バルコニーがついていた。夕陽《ゆうひ》を眺められる素敵なバルコニーで、よくそこに座ってハチドリを観察したものだ。ほかにもコウノトリやサギ、みたことのないきれいなオウムなどが、ゴムの木やブーゲンビリアに彩《いろど》られた庭を飛びまわっていた。

夜になると、カラシニコフ（小銃）で武装したふたりの衛兵が庭をパトロールしてくれる。赤十字の人間にもこんな警備が必要な場所なのだ。実際、近所の家で緊急サイレンが鳴りひびいたことがある。衛兵たちが駆けつけて銃を発砲し、侵入者《しんにゅう》を取りおさえたので事なきを得たが、白人の住む家は狙《ねら》われやすいというのがよくわかった。

またあるときは、左右に赤十字の旗を立てたランドローバーが襲われたこともある。マシンガンで四人が殺された。この事件のことをきかされてから、私たちはそれまで以上に気をつけるようになった。新しくやってきたばかりのクラウスという男性を乗せて、ジャングルを突《つ》っ切《き》る道路を走っていたときのことが思いだされる。小柄な老人が手を振って、私たちの車を止めようとしていた。そばに壊れたトラックがあった。私が車を止めずに素通《すどお》りするのをみて、クラウスは信じられないという顔をした。あまりに薄情《はくじょう》だ、あのお年寄りが気の毒じゃないか、と思ったらしい。私たちをおびきよせるための作戦かもしれないなんて、考えもしなかったのだろう。

危険な国や地域で働いたことは前にもあったが、人の敵意や悪意の前で足がすくむ思いがしたのは、ウガンダがはじめてだった。しかも一回や二回ではない。はじめてそんな経験をしたのは、刑務所のひとつで忙しく働いている最中だった。ペラグラ（といったビタミン不足による病気）や脚気《かっけ》を発症《はっしょう》した囚人たちがいたので、私たちはビタミンBを強化した食事を提供し、その効果がみごとにあらわれてきたところだった。私がじめじめする廊下《ろうか》をひとりで歩いていると、囚人のひとりが近づいてきた。とても大柄《おおがら》な男だった。彼は私の前に立ちはだかると、私に礼をいったあと、こう続けた。「おかげで元気になってきたよ。こっちのほうもね」そして下腹部を指さし、さらに私に迫ってきた。まわりにはだれもいない。私は恐怖で動くこともできなかった。と、ちょうどそのとき、角のむこうから何人かのスタッフが姿をあらわしたので、私は素早《すばや》く逃げることができた。その日以降、私は常に周囲に目を配り、ひとりきりにならないように気をつけた。囚人が病気で弱っているときは安全だが、栄養補給がうまくいって元気になれば、事情は違ってくる。年単位ではないにしても月単位で女性の姿をみていなかった男たちと同じ空間にいるのが気まずくなるような瞬間を、ときどき経験した。

運転手といっしょにカンパラからジンジャへ、さらにムバレへ行ったときも、怖い思いをした。出発直前になって忘れ物をしたことに気づいた私は、急いで家に戻ってそれを取ってきた。再びトラックに乗りこんだ瞬間、さっきとは空気が違うことに気がついた。運転手の汗のにおいがする。怯《おび》えている人はいやな汗をかくものだが、それともちょっと違う――というより、もっと悪質なにおいがした。それは運転手の悪意のにおいだった。

私はとてつもない恐怖に襲われた。私が家に戻っているほんの数分のあいだになにが起こったのか、すぐにはわからなかった。でも、バッグをシートに置きっぱなしだったことに気がついた。運転手は私のバッグからお金を盗《と》ったのだ。どうしたらいいかわからなかった。これから目的地まで、長い時間を共にする相手に、なにをどういったらいいんだろう。なにが起こったかは疑う余地もない。運転手は国際赤十字に雇われた現地スタッフで、私たちは急いでジンジャに行く必要がある。つまり、この運転手といっしょに行くよりほかに選択肢はない。

結局、私はこんなふうにいってみた。「あら、バッグの口があいてる」

「いや、さっきからそうだったよ。いつもそうじゃないか」運転手は文句があるかとでもいいたげな、挑《いど》むような目で私を睨《にら》みつけてきた。

ウガンダのあちこちで殺人事件が起きている。人種間の衝突《しょうとつ》や強盗事件は日常茶飯事だし、相手が邪魔《じゃま》というだけの理由で人殺しをするような人たちもいる。私はこんな些細《ささい》なことで命を落としたくない。

いまは黙っていなさい、と自分にいいきかせた。

三時間のドライブが始まった。あれほど長い三時間を経験したことはない。私がなにかいったり、妙《みょう》なことをしたりすれば、憎悪《ぞうお》がいつ攻撃に変わるかわからない——ずっとそう思って緊張しつづけだった。目的地に着いた瞬間にあれほどほっとしたこともない。この人とは二度といっしょに仕事をしない、と固く心に決めた。

ジンジャはウガンダ第二の都市で、ヴィクトリア湖のほとりにある。ヴィクトリア湖は感染症を引き起こすビルハルツ住血吸虫が棲息《せいそく》していることで知られ、白ナイル川の源流となっている。私たちは、美しいけれどかなり古びた〈サンセット・ホテル〉に泊《と》まることになっていた。湖の東に西向きに建ち、湖とオーウェンフォールズ・ダムを眺められるホテルだ。巨大な高架《こうか》橋がかかり、二輌《りょう》か三輌の客車を引っ張るディーゼル列車が走っていくのを、一日に何度かみることができる。植民地時代を彷彿《ほうふつ》させる景色がそこここに残る地域で、イギリスの赤い電話ボックスや、青いライトのついた警察署もある。古い建物の多くは取りこわされて荒《あ》れてしまっているが、三十年前はさぞかし美しい場所だったに違いないと思った。

ホテルから二、三〇〇メートル離れたところに、イギリス兵士の墓地があった。ブーゲンビリアの美しい花に彩られた第二次世界大戦戦没《せんぼつ》者の碑《ひ》がある。イギリス人の墓地といえば、レバノンのサイダにいたときにもよく訪れたものだ。まわりは爆撃にやられてひどく荒れていたが、バラの花の咲く墓地そのものは手入れが行き届き、とてもきれいだった。ときどきその墓地のベンチに座り、静かなひとときを過ごしたものだ。そんなわけで、ジンジャでイギリス兵士の墓地をみつけたとき、同じような安らぎが得られるのではないかと思った私は、車を降りて、ひとりで墓地に近づいていった。茨や雑草をかきわけて歩きはじめてすぐ、だれかにあとをつけられていることに気がついた。どの方向に歩いても、すぐうしろから足音がきこえる。ぼろを着た若者ふたりだとわかった。声を押しころすようにして笑ったり、なにやらひそひそ話し合ったりしている。レイプ事件が多いから気をつけろ。そういわれた記憶が頭のなかをぐるぐる回りはじめた。どうしたらこのピンチを切りぬけられるだろう。どうしてこんな愚《おろ》かな行動をとってしまったんだろう。ひとりでくるべきじゃなかった。よくわかっていたはずなのに。救急病棟で働いていたころの記憶がよみがえる。そのとき、そこで学んだことを思い出した。いまにも襲われそうな緊張状態を脱《だっ》するには、相手と言葉を交《か》わすこと。こちらから何気なく、そしてぶっきらぼうな感じで声をかけ、相手をびっくりさせてやればいい。そこで私は、悲鳴をあげたり駆けだしたりするのではなく、突然回れ右をして、ふたりに声をかけた。

「道に迷っちゃったんだけど、ホテルはどっちか知らない?」

ふたりはぎょっとしていた。私は心臓が口から飛びだしそうだったが、落ち着いているふりをして、足早にふたりとすれ違った。あとは口と足の動きを止めないこと。とにかくしゃべりつづけ、歩きつづける。そして彼らと別れ、無事にホテルに戻ることができた。

いやな思いをすることはあったが、フレンドリーで親切な人もたくさんいた。たとえば、ムバレへ行く途中で車が故障したときのこと。ジャングルのなかの道路を歩いていると、ふたりの子どもを連れた女性をみかけた。女性は少しだけわかる英語を使って、私を自宅に招いてくれた。とても狭くて、家というより小屋のようなところだった。家具はなく、床にぼろぼろのいぐさのマットが敷いてあるだけ。女性は木切れで火を起こし、お湯をわかしてお茶をいれてくれた。ミルクも砂糖もないただのお茶だったが、彼らにとっては贅沢品だったはずだ。それを飲みながら、いろいろなおしゃべりをした。言葉はあまり通じなくても、心を通じあわせることはできた。

八月半ばに雨期が始まるころには、いくつかの刑務所での仕事を経験していた。直近はまたカンパラの刑務所だった。ここは私が行ったなかでもいちばん大きな施設だったが、抱える問題はほかと同じだった。本来の定員の四倍もの人数が収容されていて、なかには刑事《けいじ》事件を起こして有罪になった人もいたが、半数以上が政治犯だった。そして、扱われかたがあまりにもひどい。医務室にはベッドが三台ほどしかないし、薬もない。石けん、毛布、消毒薬、ほうき、湯沸《ゆわ》かしなどの必需品《ひつじゅ》がない。病気を診断するための機材もないから、所内で大流行したときにようやく、それがなんの病気かわかるというありさまだ。

当局は囚人たちの食事の量を増やそうと努力していたが、食事を提供する方法も問題だらけだった。電気釜《がま》が壊れていて、ガスはほとんど出ない。薪《たきぎ》も少ししかない。カップや皿は囚人が自前で用意しなければならないから、お金のない囚人は、食べ物を床に置いて食べるしかない。キッチンは言葉にできないほど不潔でゴキブリだらけだった。

所内はどこも人でいっぱい。水は出ないし明かりもない。ほとんどの囚人は床で眠る。

上掛《うわが》けもなにもない。刑務所は毛布や囚人服を支給するのをやめてしまっていた。だから囚人たちは、昼間は半裸《はんら》で暮らしている。身につけるとしても、破れたシャツやズボンしかない。人数にみあうだけのトイレがないし、数少ないトイレもすべてずっと前から詰まってあふれている。当然、悪臭がすごい。トイレのない部屋にはドラム缶《かん》や樽《たる》が置いてあるが、それもあふれていたり、中身が漏れていたりする。側溝《そっこう》も詰まって、下水が床にあふれている。

私はこの状況を冷静に観察し、やるべきことのリストを頭のなかに作っていった。その内容はシンプルなもの。水が出るようにして、トイレの詰《つ》まりを直すことだ。お金もそんなにかからないし、数日あれば解決できる。必要なのは影響《えいきょう》力とお金であって、私たちにはその両方があった。

私は医務室で働きだした。ビタミンや駆《く》虫《ちゅう》薬など、必要なものを処方する。刑務所に行くときはいつもジーンズをはいていた。殺人犯やレイプ犯が何百人もいる薄暗い場所で働くのだから、女らしい格好はしないほうがいい。ところが、そんな考えがいい方向に裏切られる出来事があった。

私がもうすぐイギリスに帰るというときだった。ふたりの囚人が近づいてきた。廊下は薄暗く、おしっこのにおいがしていた。ふたりは私に「ついてきてくれ」といった。なにかの罠《わな》だったらどうしよう——不安をおぼえながらもついていくと、ふたりは小さなじめじめした部屋に入っていった。壁のとても高いところに、鉄格子《てつごうし》のはまった窓がある。ふたりは私をそこに招きいれた。

その部屋のリーダーらしき囚人が座っていた。私を連れてきたふたりが汚れた服を脱いで床に敷くと、リーダーは私にその場所を勧《すす》めた。私に敬意を示してくれているんだとわかった。私はいわれたとおり、服の上に座った。すると、どこからともなく、囚人のひとりがカップに入ったお茶を持ってきた。どこか高級なレストランで働いた経験でもあるかのような上品なしぐさで、私の前にカップを置く。欠けのある薄汚《うすよご》れたカップだったが、お茶は甘くて、コンデンスミルクが使われているのがわかった。彼らがそんなものをどこで手に入れたのかはわからないが、ともあれ、お茶を出されたのは私ひとり。まわりに立ったりしゃがんだりしている囚人たちはだれも飲んでいない。リーダーが短いスピーチをして、作業所で作ったという大きな木製の十字架《じゅうじか》を私に差し出した。「いろいろありがとう」といわれたとき、私は心から感動した。リーダーはさらに、壁のレンガをひとつはずして、奥《おく》に隠してあったものを取りだした。汚い布きれの包みだ。埃《ほこり》を払ってから包みをあけると、チョコレートバーが一本出てきた。リーダーはそれを私に差しだした。

「感謝の印です。受け取ってください」

これほどの名誉《めいよ》があるだろうか。いわば虎《とら》の子《こ》のような大切なチョコレートを、私にくれるというのだ。私はとても申し訳ない気持ちになった。そのチョコレートは彼らにとってはお宝中のお宝なのに、私にとってはいつでも市場で買える商品だったからだ。でも、そんなことは関係ない。私は深く心を打たれた。贈り物の価値は、大きさや値段にあるのではない。それに込《こ》められた思いと、それをどんなふうに贈《おく》るかが重要なのだ。

14 砂漠での挑戦

ナイロビを飛びたった飛行機は緑豊かなケニア高原をあとにした。二時間半のフライトで大地溝帯《グレート・リフト・バレー》を越えた先に待っていたのは、まったくの別世界だった。人を寄せつけない乾燥した大地。北に行けば行くほど乾燥しているのがわかる。一九八八年六月、私たちはロキチョキオに向かっていた。ケニア北部、スーダンとの国境地帯にある小さな集落は、周囲何百キロもの砂漠《さばく》に囲まれている。生活必需品を売る小さな店がいくつかあるほかは、藁《わら》作りの小屋のような家がゆるい円を描くように並んでいるだけの場所だ。

この一帯に暮らすトゥルカナと呼ばれる部族は残虐《ざんぎゃく》で攻撃性が高く、周辺部族との融和《ゆうわ》を好まないといわれていた。生存競争に勝つことをなにより優先する。また、砂漠の羊飼いとも呼ばれる部族で、ラクダ、牛、羊、ヤギ、ロバといった家畜《かちく》を飼い、水場から水場へ移動しながら暮らしている。近隣《きんりん》の部族の牛を奪《うば》うことも、彼らにとっては伝統的な生活手段だ。トゥルカナの男たちの胸と背中にあるタトゥーは勲章《くんしょう》のようなもので、五人を殺してはじめて入れることができる。かつて、牛を盗むための襲撃は、木切れや槍《やり》、小刀などを使って行われていたので、犠牲者の数は限られていたが、近年は銃火器《じゅうか》が入ってきたせいで、一回の襲撃で一〇〇人ほどの死者が出ることもある。

私はウガンダに残ってほしいといわれていたが、三ヶ月の赴任期間後はイギリスに戻ってやることがあった。パディントンのセント・メアリ病院で手術室看護師の研修コースを受けたかった。ところが実際に行ってみて驚いた。実習だけではなく、講義やレポートを山のようにこなさなければならなかった。そんなことは私にはできない。読み書きの課題をこなせるとは思えない。私はたった二週間でコースからドロップアウトした。そして、また外国に行こうと考えた。赤十字国際委員会に打診して得られたのは、ロキチョキオのロパイディング病院で運営責任者をやらないか、というオファーだった。私はそれを迷わず受けた。

ロパイディング病院は国境のすぐそばにある。国境の反対側はスーダン。一九八三年にはじまった第二次スーダン内戦以来、ひどく荒れてしまった国で、医療サービスは皆無に近い。そこで、スーダンの紛争地域で怪我をした人や、スーダン人民解放軍（ＳＰＬＡ）の兵士たちを受け入れるために、赤十字国際委員会がこの病院を作ったのだ。スーダンではなくケニア側に作ったのは、スーダン政府が赤十字による病院設立を許可しなかったからだ。現在のダルフールでやっていることと同じで、スーダン政府は、反乱軍のインフラを壊滅《かいめつ》させようとしているのだ。

紛争地域で重傷《じゅうしょう》を負った人々は、SPLAの手で救出され、国境を越えてロパイディング病院に運ばれてくる。運搬にかかる日数は数日から数週間まで、ケースによってさまざまだが、そのあいだ、応急処置はまったく施されない。手近にあったトラックの荷台に放りこまれて、舗装《ほそう》もされていないでこぼこの道路を移動してくるだけ。胸部や腹部に怪我をした人は途中で命が尽きてしまう。生きて病院に到着した人はみな、感染症が悪化しているし、銃創《じゅうそう》に蛆虫がうごめいていることも珍しくない。とはいえ、病院に生きて到着できた人はたいてい回復して、ふたたび笑えるようになる。

病院の作りは簡素なものだった。頑丈《がんじょう》なレンガ作りの病室が三つあって、そのなかにベッドが四〇から五〇床。一度にたくさんの患者が来たときは、庭に大型のテントを張る。手術室はひとつあったが、手術用の手袋は使い捨てにできず、洗って何度も使わなければならないことが多かった。

シャワー室やトイレは原始的としかいいようのないものではあったが、まさか完成して数日で使えなくなってしまうとは思わなかった。私たちは知らなかったのだが、この土地の人々はお尻を拭くのに平たい石を使う。そのせいで穴がふさがってしまったのだ。そもそも青空の下、茂《しげ》みのなかで用を足すことに慣れている人たちに、トイレを使ってもらうのはそう簡単なことではない。そこでしかたなく、屋外に大きな穴を掘って、そこをトイレにした。

病院にはオランダ人の外科医《げかい》ヤンと、フィンランド人の若い麻酔医《ますい》トムがいた。私たちの住まいは病院から四キロほど離れたところにあった。病院と同様、とても簡素な建物だったが、シャワーと洗面所があったし、トイレは水洗！　ただ、使える水の量が限られているので、一日に一回か二回しか流せなかった。

地元の人々は私たちを受け入れて、よく握手《あくしゅ》をしてくれた。人々はいつも犬を連れていた。子どもが生まれたら子犬を与える習慣があるらしい。犬は子どもといっしょに成長し、子どもの面倒をみて、子どものお尻をなめてきれいにする。女性が生理のときも、脚に伝う血液を犬がなめる。その結果、犬から人間に寄生虫が感染することがある。

鳥のさえずりや虫の声も私たちを歓迎《かんげい》してくれたし、子山羊《やぎ》も元気に鳴いてくれた。小型のレイヨウに出会うこともあったし、サイチョウが空を飛ぶ姿をみることもできた。

ある日の朝、裸の子どもたちが私を待っていた。四歳から六歳くらいの子どもたちで、競《きそ》って私と手をつなごうとする。なにやらしゃべったり笑ったりしながら私の手を引きはじめた。なにかみせたいものがあるらしい。茂みの陰《かげ》まで行くと、そこにはハエのたかった犬の死骸《しがい》があった。私は彼らの期待どおりに小さな悲鳴をあげて、あわててあとずさった。また別の日には、ジープに乗って家に帰ろうとしていたら、子どもたちが道端に集まってこちらをみていた。なにか企《たくら》んでいるなと思ったら案の定、道の真んなかに動物の死骸が置いてあった。車がそれを轢《ひ》く瞬間を待っていたようだが、私はハンドルを切って死骸を避けた。おかげでタイヤが川にはまってしまい、子どもたちは大喜びだった。

八月にはやっかいな事件があった。国境のむこう側で働いているチームのひとつと連絡が取れなくなった。さらに、状況を調べに行った飛行機との連絡もとだえた。なにもわからないまま五日間が過ぎたとき、SPLAのメンバーから連絡が入った。チームは無事で、まもなく解放されるだろうとのこと。結局、チームが解放されたのは二週間後。ひと部屋しかないぼろ小屋に閉《と》じ込《こ》められ、武装した兵士に監視されていたそうだ。幸いなことに、全員が無事だった。命の危険を感じるようなこともなかったという。赤十字国際委員会はただちに、スーダンにいるスタッフ全員を引きあげさせた。

そのあいだにも、怪我人は次々に運びこまれていた。天候や道路の状況によって、その数はまちまちだ。ある日、トラック二台分の怪我人を運搬中との連絡が入った。具体的な人数は知らされなかったが、真夜中近くに到着したトラックには合わせて三〇人もの怪我人が乗せられていた。銃で撃たれたり、手榴弾《しゅりゅうだん》にやられたりした人々だ。全員の体にハエがたかっていた。包帯はどれも不潔そのもの。土埃と血と汗と涙でどろどろになっていた。そしてほとんどの怪我人がひどいショック状態かつ脱水状態にあり、何日も食べていなかった。痛み止めもなにもないのに、よく生きて病院までこられたものだ。

まずは怪我人たちの包帯をはずし、ホースの水で体を洗った。そして傷の手当てにかかった。切断面や傷口にたかった蛆虫をそぎおとし、抗生物質を注射し、傷口を覆ってから、患者をベッドに寝かせる。壊死《えし》した組織は麻酔下で切除し、感染のリスクがなくなるのを待って縫合する。ただ洗浄《せんじょう》するだけでも麻酔の必要な患者が多かった。とくに銃創は傷が深いので、どうしても痛みが伴うのだ。ある兵士は腕にギプスをはめていたが、それをはずしてみると、腕は壊死してしまっていた。壊死した腕は切断するしかない。

私は手術室看護師の役目もこなした。患者は、額にディンカ族の印のついた若者で、気の毒なことに片脚の膝から下を地雷に吹きとばされていた。包帯をはずした瞬間、肉が波打ったようにみえた。よくみると、波打っているのは蛆虫だった。私は思わずあとずさり、自分の白衣や手術台に飛びちった蛆虫を払いおとし、床に落ちたのを踏みつぶした。ほかにどうしていいかわからなかった。補助役の看護師がハエ用の殺虫スプレーを持ってきたが、それを吹きかけても、蛆虫は余計派手にうごめくだけだった。結局は素手《すで》で蛆虫をすくってボウルに入れ、漂白剤《ひょうはく》をかけて殺すしかなかった。それから何日ものあいだ、全身がむずがゆいような気がしてならなかった。何週間にもわたって傷口を消毒しつづけ、抗生物質と栄養剤《えいようざい》を投与したことで、患者はかなり回復し、片足でジャンプしながら楽しそうにバレーボールをして遊ぶまでになった。

蛆虫と並んで恐ろしかったのは破傷風だ。患者のひとりがひどい痙攣《けいれん》を起こしていた。発作《ほっさ》と発作の合間は落ち着いていたし、本人も、自分が破傷風にかかっていると理解して、その事実を冷静に受け止めていた。私たちは免疫グロブリンや抗生物質を投与したが、人工呼吸器がないのが痛手だった。息ができなくなって苦しむ患者になにをしてやることもできず、最期《さいご》を見守るしかなかった。

兵士だけでなく、地元の住民が病院に来ることもあった。ひとりは十三歳の少年。父親の山羊の世話をしているとき、茂みでうとうとしていたらヘビに咬まれたという。何日もかかって父親が病院まで連れてきたが、そのときには少年の脚は真っ黒になっていた。咬まれたせいではなく、咬まれた直後からずっと、血の流れを止めるために足首をきつく縛っていたせいだった。切断するしかなかった。手術の準備をしたが、結局は、医師が切断するまでもなかった。患者を手術台にのせた瞬間、脚が自然にもげたのだ。甘ったるい強烈《きょうれつ》な腐臭《ふしゅう》が漂った。またあるときは、女の子がふたり運ばれてきた。別々の場所でハイエナに咬《か》まれたとのこと。抗生物質と抗破傷風免疫グロブリンと狂犬病《きょうけんびょう》ワクチンを注射して、カクナの病院に移送した。トゥルカナ族の妊婦が難産で運びこまれたこともある。緊急の帝王切開《ていおうせっかい》を行うことになった。妊婦の腹部を切開すると、バケツ一杯はありそうな羊水と血液が吹きだしてきて、私たちはそれを頭からかぶってしまった。母子ともに無事だったのがなによりだ。

クリスマスが過ぎたころ、私たちはスーダン南部のコンゴールの子どもたちに、麻疹《ましん》、破傷風、ポリオのワクチン接種を行うプログラムに取りかかることができた。私はワクチンの冷却保存係《れいきゃく》。ナイロビからロキチョキオを経てスーダンの診療所へと運ぶあいだ、ワクチンを低温に保たなければならない。保冷容器と氷をきちんと使わないとワクチンの温度が八度を超えてしまい、そうなると使い物にならなくなる。スーダン各地にある診療所には電気が通っていないから冷蔵庫もない。定期的に氷を追加してワクチンを冷やしてやる必要があった。

プログラムを開始する何週間か前から、地域の母親たちに、ワクチン接種の情報を広めておいたので、私たちが到着するとすぐにワクチンを希望する母子を集めることができたし、きわめて効率的にワクチン接種を勧めることができた。地元の学校の先生や医療関係者の協力のおかげでもある。

ただ、このプログラム中に滞在した家が悲惨だった。鼻をつくにおいに驚いて、玄関《げんかん》に近づくのもためらわれるほどだった。コウモリのせいだ。村の中心に立つ大きな木にも、大量のコウモリがいた。お祭りのパレードが近くを通りかかったとき、コウモリの群れが木からいっせいに飛びたった。まるで大きな黒い雲のようだった。それはいったん木から離れて、また同じ木に戻ってきた。まるでヒッチコックの『鳥』をみているようだった。その家の屋根裏にもコウモリがたくさんいて、そのおしっこが放つアンモニア臭が家に充《じゅう》満《まん》していたのだ。家のなかでなんて、とても寝られるものではない。しかたなくベランダにハンモックを吊って寝ることにした。コウモリのキーキーという鳴き声や、夜明けを知らせるカラスの鳴き声をのぞけば、村はとても静かだった。

一九八九年二月、私はもう一度スーダンに行くことになった。クリスマスに飛行機事故で亡くなったアメリカ人パイロットの遺体を収容するためだ。現地の民兵に敵機と誤認《ごにん》して銃撃されないように旋回《せんかい》を繰り返しながら、パイロットは目的地をめざした。SPLAの司令官に迎えられた私たちは、血で汚れた遺体安置室に通された。そこにあったのは遺体運搬袋《ぶくろ》がふたつ。パイロットたちの遺体はばらばらになっていたが、それがだれのものかをできるだけきちんと見分けて、きれいな毛布で包んであった。キャビンいっぱいに充満する死臭《ししゅう》とともに、私たちはナイロビに戻り、悲しみにくれる家族たちとアメリカの外交官に遺体を引《ひ》き渡《わた》した。

それから二週間後、私はまたスーダンのコンゴールに行ってほしいと依頼された。村の医療ニーズを調べてほしいとのことだった。行くのは私とパイロットのふたりだけ。私たちが現地にいるあいだに、負傷した人々を乗せてロキチョキオに向かうトラックが何台もやってきた。しかし、コンゴールからロキチョキオまでは、陸路だと何日もかかる。道路や戦闘の状況によって、かかる日数はまちまちだ。少なくとも二五人の男たちが、ひどい痛みと脱水症状に苦しみ、土埃と血にまみれていた。すぐにでも治療が必要だ。しかし、私たちが乗ってきたのは小型機だ。距離と燃料の残量からパイロットが重量を計算した結果、乗せられる怪我人は八人までとわかった。怪我人のなかには、背中を撃たれて下半身が麻痺してしまった若者がいた。彼を飛行機に乗せるかどうか、私は迷った。助かる見込《みこ》みの高い患者を乗せるべきではないかと思ったし、下半身が麻痺した状態では、遊牧民にとって、今後の生活にも望みは持てないだろう。ところが、数日たって病院に到着したトラックをみて驚いた。その若者がまだ生きていたからだ。残念ながら、そのあとまもなく亡くなってしまったけれど。

つらいことや大変なことはいろいろあったが、ロキチョキオでの生活は楽しかった。スタッフもいい人ばかりだったし、仕事もやりがいがあった。赴任していた一年間で、私たちは週平均で一四二人の患者を受け入れ、九四例の手術をおこなった。外国人スタッフの数は二倍になり、地元で雇ったスタッフの数も四七人から六六人に増えた。それだけの人数や大量の物資を的確に仕切ることができたのだから、大きな達成感も得られた。

一九八九年の四月、私はイギリスに戻り、実家の近くの村に小さな家を買った。そしてアデンブルックス病院の神経外科で六ヶ月働いた。ホイップス・クロス病院の救急外来で研修を受けるための必須《ひっす》の条件だったからだ。今回は途中で投げ出すことなく、勉強をがんばった。というのも、私にはパソコンという味方ができたからだ。パソコンがあれは、字が汚いとか綴《つづ》りを間違えるとかいう問題を気にしなくてもすむ。気分的にもリラックスして、勉強を楽しむことができた。

そんな日々のなかでも、私の心はどこかざわついていた。エチオピアで得たトラウマを、まだ引きずっていたのだ。折り合いをつけるためにはなにかスピリチュアルな教えが必要なんじゃないか、と思いはじめたとき、ＢＢＣラジオでヒューマニズムと功利主義についての話をきいた。外なる力や神の力に頼るものではないという点で興味深く、会合にも何度か参加した。しかし、どこがどうちがうと説明するのは難しいのだが、それは私の求めているものではなかった。ものを考えさせてはくれたが、それだけだった。私はもっと深い哲学《てつがく》を求めていた。

　自分になにが必要なのか――その答えはみつからないままだったが、その後、私の人生はまた別の方向へと動きだした。自宅で暮らして救急外来の研修を受ける日々は楽しかったが、研修が終わるとすぐ、また外国に行きたくなったのだ。次の行き先はアフガニスタンだった。

15

中東の男たち

アフガニスタンの現地事務官であるシール・アフザルはスピード狂《きょう》だった。道路に穴があるときも、障害物があるときも、いつも直前でしかブレーキをかけない。怪我人を乗せているんだからできるだけ衝撃《しょうげき》のないように運転して、と私がいくらいってもきかなかった。一九九〇年十二月のある日、ノルウェー人の同僚ハルヴォと私は、シール・アフザルの運転する車で、カブールの北二七キロの地点にあるミルバチャコット地区に向かっていた。古い要塞のなかに作られた応急処置センターが、私たちの新しい仕事場だった。中庭に車を駐《と》めるときは、必ずバックで入れる。頭からつっこんで駐めると、なにかあったときにすぐ車を出せないからだ。

地元のスタッフはみな、私たちを温かく受け入れてくれた。治療を待っている患者がいなかったので、みんなでランチを食べることにした。床に置かれたクッションに腰をおろす。ランチのメニューは、茹でた羊肉とじゃがいもの油っぽいスープとライス。スープは全然おいしそうにみえなかったが、食べてみると驚くほどおいしかった。

ランチが終わったとき、五歳の少年が運ばれてきた。大腿骨《だいたい》を折り、さらに傷口が感染症を起こしているらしい。太腿《ふともも》が腫れてふつうの二倍くらいの太さになり、熱くなっている。しかし少年は、イスラム戦士（ムジャヒディン）として立派に振る舞《ふま》っていた。ムジャヒディンの看護師たちが赤ん坊をあやすところをみたことがある。彼らは赤ん坊の脚をつねり、赤ん坊が顔をゆがめて泣きそうになると、今度は赤ん坊を笑わそうとする。赤ちゃんをいじめちゃだめよ、と私がいっても、彼らは笑うだけだった。ムジャヒディンは強くならなきゃいけないから、こうして痛みに慣れるんだよ、とのこと。そんなわけで、少年は泣き声ひとつあげずに車に乗せられ、カブールの病院に着くまでおとなしくしていた。

車を走らせていると、途中の検問でひとりのムジャヒディンが手をあげていた。近づいて話をきくと、怪我人がいるという。案内されてついていったところに、血まみれの汚い毛布に包まれたものがあった。まわりをハエが飛びかっている。毛布の端《はし》からは、やはり血まみれの足が突《つ》きだしていた。私はおそるおそる毛布をめくってみた。血に染まった顔があらわれた瞬間、大量のハエがそこに群がる。両目は腫れて、頭には包帯がぐるぐる巻いてあった。年齢は二十五歳くらいだろうか。毛布を元に戻したとき、若者は苦しそうに「神よ《アッラー》、神よ《アッラー》！」とうめいていた。少なくとも命はまだあるらしい。ハルヴォも近くにやってきた。若者は二時間ほど前に爆撃に巻きこまれ、手押《てお》し車に乗せられて、三キロほど運ばれてきたところだという。ここでは、怪我人を運ぶのに手押し車を使うのが一般的だ。狭い道でも通りやすいから、地雷原で安全な場所を選んで移動するのにもちょうどいい。若者は全身に散弾《さんだん》を浴びていた。散弾は体表には大きな傷を残さないし、見た目の出血も少ないが、体の内側には重傷をもたらすものだ。私たちの持っている包帯では、大きな傷を覆うことしかできなかった。

片腕はずたずただったが、もう片方の腕は血管が確認できたので、失った血液にかわる水分と抗生物質、痛み止めを点滴で投与した。患者をできるだけそっとストレッチャーに寝かせて車に乗せる。車が揺れるたびに患者がうめくので、生きていることがわかって、そのたびにほっとしたものだ。

信じられないことに、シール・アフザルはこんなときでもいつも以上の猛《もう》スピードで運転していた。人が飛びだしてくる可能性なんてまったく考えていないようだ。病院に着くと、脚が腫れている少年を母親とともに待合室に残し、若者のほうを治療室に運んだ。ハルヴォが首にもう一本点滴をつけてから、血液型を調べた。私は古い包帯をそっとはがして、新しい包帯で傷口を覆った。そこへ病院のスタッフがやってきて、私たちの仕事はおしまいになった。翌日話をきいたところによると、若者は肝臓《かんぞう》と腎臓《じんぞう》と肺にも傷が及《およ》んでいたそうだ。なのに、手術の二四時間後にはベッドの端に腰かけて、私たちに笑いかけてくれた。

このことがあってから、シール・アフザルの自殺行為《こうい》に巻きこまれるのはごめんだと心を決めた。彼とふたりきりになるタイミングを待って、これからは私が運転すると宣言した。私があまりにもきっぱりとそれをいったので、シール・アフザルは反論もせずにうなずいた。「わかった。じゃあ、あとはおれが手を回す」

首都カブールでは別だが、アフガニスタンでは女性が車の運転をすることはない。シール・アフザルの言葉の意味は、そのことでだれかになにかいわれたら、自分がうまくフォローして問題を回避するということだった。

五年前にタリバンが台頭する前から、アフガニスタンの女性は十三歳になると家から出ずに暮らしていた。学校にもいかないし、外に出るときは必ず、重たいブルカという衣服で全身を隠す。ブルカは目のところだけが編み目になっていて、そこから外がみえるようになっている。外では家族以外の人と話をしてはいけないし、病気になったり怪我をしたりしても、男性の医師に診てもらうことはない。つまり、女性が応急処置センターに来るのは、私がいるとわかっているときだけだった。ある女性患者は、脚のひどい火傷に歯磨きペーストを塗られただけの状態で、一週間、家でじっとしていなければならなかった。私が勤務していることを家族が知り、ようやく運び込まれたのだ。

また別の女性は、調理中の事故で全身に火傷を負って、夫と近所の人たちに運ばれてきた。妊娠《にんしん》八ヶ月の彼女は呼吸も苦しそうだった。火傷が重度なので点滴もつけられない。筋肉注射で鎮静《ちんせい》剤と鎮痛《ちんつう》剤を投与するしかなかった。私はカブールの赤十字病院に必死で連絡を取ろうとしたが、そのあいだにも、家族は私がろくに治療をしないといって怒っていた。私は連絡をあきらめ、患者の全身を清潔なシーツで包み、救急車に乗せた。早くしないとおなかの赤ん坊も助からない。運転するあいだ、焦《こ》げた肉や髪のにおいが車内に充満していた。できるだけ急いで病院に向かったが、結局はどうにもならなかった。患者自身も、おなかの赤ちゃんも、到着してまもなく死んでしまった。

一九七九年から一九八九年まで、アフガニスタンはソビエト連邦《れんぽう》の支配下にあった。しかしムジャヒディンは抵抗を続け、結局ソ連が撤退すると、アフガニスタンはナジブラ大統領のもと、社会主義政府が治めることになった。それでもムジャヒディンの反対勢力は衰《おとろ》えを知らず、内戦は激化した。さらに、ムジャヒディンは政府に対してだけではなく、部族同士でも争いを続けた。それが、私がアフガニスタンに赴いた一九九〇年の状況だった。赤十字国際委員会がアフガニスタンへの入国を認められたのは一九八八年。ただし、拠点を置くのはカブール、マザーリシャリーフ、ヘラートの三都市に限定されていた。それらの都市から紛争の前線に赴き、怪我人を連れて帰る、それが赤十字国際委員会に許された活動だった。それ以前は、内戦や紛争で怪我人が出ると、ヒンドゥークシュ山脈を越えてパキスタンのペシャワールまで運ばなければならず、多くの救える命を犠牲にしていたとのこと。

赤十字国際委員会は、十年にもわたる交渉を続けた結果、どの勢力にも与《くみ》しない中立の病院を首都カブールに開くことができた。紛争のどちらの側であるかに関係なく、アフガニスタン政府の干渉《かんしょう》を受けることもなく、負傷者を受け入れる病院だ。建物も屋外のテントも、いつも混雑していた。本来の定員の倍以上の患者を受け入れていたからだ。私がそこにいるあいだは、四つの手術チームが組まれていて、そのいずれもが真夜中まで働いていた。セキュリティは万全《ばんぜん》。刃物《はもの》、銃器《じゅうき》、手榴弾、拳《こぶし》にはめる金属《ナックルダスター》は入り口で没収《ぼっしゅう》し、その人が帰るときに返す。中立の立場の病院なので、戦場で戦っていた敵同士が隣り合ったベッドで寝ていることもあった。部屋を分けられるのは女性と子どもだけ。驚いたことに、私の知る限りでは、患者同士のトラブルが起こることは一度もなかった。すべての患者は赤十字の名のもとに守られていて、どんな憎《にく》しみも敵意も、武器といっしょに病院の入り口に置いてくるらしかった。

野戦看護師としての私の担当地域は、カブールの北のシャカダラ地区だった。およそ二〇平方キロメートルの土地に少なくとも八つのムジャヒディングループがいて、領地をめぐって衝突することもしばしばだ。ひとりの患者が、ある日私にいった。

「戦うことが生活の一部になってしまったんだ」

私には理解したくてもしきれないような、複雑な状況なのだろう。気の毒になってしまった。私にできることは、できるだけ広い心を持って、全力で任務に当たることだけだ。ミルバチャコットの周辺は平地で、四方を高い山々に囲まれている。そのあちこちで育てられているのがブドウだ。生で食べたり、干してレーズンにしたりする。ヨーロッパでやるようにワインを作ることがないのは、ここがムスリムの国だからだ。トウモロコシ畑や牧草地もいたるところにあって、草を食む羊たちを眺めることができる。ただ、牛はめったにみることがなかった。リンゴ、アーモンド、クワ、クルミの木々もあちこちに生えていて、かつては実り豊かな土地だったことをうかがわせる。いまは耕されることもなく放置された土地ばかりだが、その主な理由は地雷だ。建物も廃墟《はいきょ》ばかり。ロシアの戦車やトラックがぼろぼろになって道端にたたずんでいる。

少し時間はかかったが、地元の看護師、アリ、アブドゥル、ハッサン、ムハンマド、ダウドに、チームの一員として認めてもらうこともできた。どの国に行ったときも、地元のスタッフに私という人間や私のやりかたを理解してもらうまでには、ある程度の時間がかかったものだ。とくにアフガニスタンのようなイスラム教の国では、私も相手のことを理解するのに時間がかかる。でも、そういうことにはもう慣れていた。最初はおとなしくして、みんなのやりかたを観察する。それがわかってきたら、みんなの仕事に手を貸す形でアプローチする。積極的に仕事をしようとしているところをみせれば、相手は驚くものだ。そして、私を受け入れてくれる。緊張が解ければだんだん仲良くなって、ジョークもいえる間柄になる。ただし、そのあとが問題だ。相手がこちらとの距離を詰めてくる。どこまで近づいていいか、いろいろな形で試しはじめる。彼らは女性と同僚として付き合うことに慣れていないし、西洋の女性は興味の対象でもある。だから、性的なことをほのめかしてみたり、べたべた触《さわ》ってきたりするのだ。私が毅然《きぜん》とした態度をとっていれば、そのうちやめてくれる。そこまで来ればもうだいじょうぶだ。彼らは親切で、ちょっとした失敗に目くじらを立てたりしない。そして私を一〇〇パーセント信頼《しんらい》して支えてくれる。パニックを起こすこともない。

外国人のスタッフと仕事をすることで、彼らはいろいろなことを学んだようだ。もともと知識欲旺盛《おうせい》な人たちだった。患者が少なくて時間に余裕があるとき、私は彼らに英語を教えた。みんなとても飲みこみが早かったので、私の赴任期間が終わるころには、簡単な医学書や輸入ものの薬に書かれた説明などを読めるようになっていた。英語で書かれたものはなんでも読みたがるので、家にあった雑誌を持っていってあげたこともある。ただ、載っている女性の写真には気をつけなければならない。腕や脚を露出した写真や、シャワーを浴びているシルエットを写したボディソープの広告など、ちょっとでもセクシーな要素があれば、着衣か裸かに関係なく、切りとっておく必要があった。

あるとき、『ホームズ・アンド・ガーデンズ』という雑誌を持っていったことがある。すると、アリとアブドゥルがげらげら笑いだした。ああ、セクシーな写真が残っていたんだ、まずいことになった——私は焦ってふたりに駆けよった。ふたりがみていたのは、ソファに犬が座っている写真だった。

「この写真のどこがそんなにおかしいの？」

アリが説明してくれたところによると、彼らにとって犬は不浄《ふじょう》の生き物だから、写真のような贅沢な家に犬がいるのはおかしい、ましてやソファに座っているなんてとんでもない、ということだった。

彼らはいつも私にいろいろな質問をしてきた。それも、私がろくに知らないことばかり。たとえば、衛星はどうやって動いているの？　といった質問だ。また、最先端《さいせんたん》の車やパソコンについてきかれることもあった。私が必ず「わからないけど……」と前置きするので、彼らは笑った。「クレアはいつもそういうよね。いいから、知っていることを話してよ」説明してみようと思えばなんとかなるのが、自分でも驚きだった。彼らはモダンな世界のことを知りたくてたまらないようだった。この一〇年間、西洋社会の情報を伝えてくれる本やテレビやラジオといったメディアが手元にないからだ。私が教えることを次々に覚え、新しいことを知れば知るほど、さらに知りたがった。学校の勉強が大の苦手だった私が人にものを教えているなんて、と思うと不思議な気分がしたものだ。ハルヴォとふたりで、救急処置についてもレッスンした。点滴をつけたり、血圧をモニターしながら体液バランスを調整したりする方法、鎮痛剤などの注射のやりかた、正しい包帯の巻きかたを覚えてもらうことができた。

ハルヴァと私はいいコンビだった。そして、そばにはいつもシール・アフザルがいた。シール・アフザルは四十代の現地事務官で、私たちの通訳でもあり、現場では目となり耳となって働いてくれた。地元のコミュニティから尊敬され、一目置かれる人物でもあった。アフガニスタンの男性はみなそうだが、人から命令されるのが大嫌《だいきら》いで、ましてや女性から命令されるなんてありえないことだった。そのくせ、自分はまわりの人々に平気であれこれ命令する。私が彼になにかをしろと命令されて、それを断りたいとき、あたかも彼が自分から考えを変えたかのようにもっていかなければならない。面子《めんつ》を守ってやることが重要なのだ。たとえばある日のこと、彼は私に、彼の羊を市場から彼の家へ救急車で運ぶようにと命令した。単に断るだけだと、彼を侮辱《ぶじょく》することになる。そこで私はこういった。「そんなことをして、隊長に叱られないかしら？　私、ちょっと心配だわ」彼は自分でその意味を考え、命令を取りさげてくれた。

またあるとき、シール・アフザルが料理人から食べ物を買い取る相談をしていた。自分のお金を払うつもりもないくせに勝手なことをしているのに気がついて、私は「なにをしているの」と声をかけた。彼はかんかんに怒って私を怒鳴りつけた。

私は帰り道に彼にきいてみた。「シール・アフザル、さっきはどうしてあんなに怒ったの？」

彼は私をみて、当たり前だろうという顔をした。「おれのやることに文句をつけただろう。ほかの人がいる前で、そんなことをするもんじゃない」

「どうして?」

「きみが女だからだ」

その日以降、私たちはある取り決めをした。毎朝ふたりきりで話し合い、その日やることを決める。そうしておけば、私はいつも彼を立ててあげられるからだ。もしも彼が計画とちがうやりかたで仕事を進めようとしたら、私が背後で咳払《せきばら》いをしたり、そっと名前を呼んだりする。すると彼は気がついて、元の計画どおりにやってくれる。そんなルールを決めたあとは、シール・アフザルといっしょに働くのがとても楽しくなった。


ある日、私が応急処置センターを出て家に帰ろうとしていたとき、なにかを肩にかついだ人たちがやってくるのがみえた。近づいてみると、彼らがかついでいるのはベッドだった。十歳くらいの、黒髪《くろかみ》に黒い目をしたかわいい女の子が横たわっている。ロシアが散布したバタフライ型地雷を手に取ってしまったのだという。バタフライ型地雷は、対人地雷のなかでももっとも恐ろしいもののひとつだ。飛行機から散布されるタイプの地雷で、地面に落ちたときは爆発しないが、だれかが拾いあげたり踏んだりすると爆発する。派手な色がつけられていることが多く、子どもが興味を持って触れてしまうことが多い。この女の子は左手が腕からもげる寸前でぶら下がっている状態。左手は指が何本かなくなっていた。大怪我をしたばかりの人に共通した表情をしていた。ショックで目を大きく見開き、泣き声をあげることも、動くこともできない。全身が泥と血にまみれていた。

私が手当てを始めると、女の子は悲鳴をあげ、なにかを叫んだ。シール・アフザルが通訳してくれた。「神様、どうして殺してくれなかったの？　もう死なせて。お父さんのそばに埋めて。こんなんじゃ、もうお嫁《よめ》にも行けない。死なせて！」

女の子の祖母らしき女性も泣きだした。女の子は、ここの社会での居場所を失ってしまったのだ。

私は女の子を病院に連れていった。そして二週間後にようすをみにいくと、女の子はもう退院して、カブールの親戚の家にいるとのことだった。義肢装具センターを紹介された、ともきかされた。

もちろん、助かる命ばかりではない。爆弾の直撃《ちょくげき》を受けた若い兵士たちがいた。腹部を撃たれて蜂の巣のようになった男もいた。爆弾のせいで頭と四肢《しし》をずたずたにされた男の子もいた。脳が散弾だらけになった農夫もいた。私たちがどんなにがんばっても、どうすることもできない。それが戦争の代償《だいしょう》だ。戦争なんて、なんのためにするんだろう。この疑問が頭のなかでどんどん大きくなっていった。人の命や環境を犠牲にして、なにになるんだろう。

野戦看護師や医師である私たちの命もまた、常に危険にさらされていた。あるとき、谷のむこうにいたムジャヒディンが、ソビエト連邦が開発したロケットランチャーでロケット弾《だん》を発射した。〝スターリンのオルガン〟と呼ばれるランチャーで、二〇発のロケット弾を同時に発射できる。文字どおりの絨毯《じゅうたん》爆撃が可能な恐ろしい武器だ。救急車を運転していた私は、空気が振動《しんどう》するのを感じた。独特の発射音も響きわたる。私は数を数えはじめた。一〇まで数えられれば、無事に逃げられたことになる。あのときの一〇秒間はいまも忘れられないし、フラッシュバックも起こるほどのトラウマになった。オートバイが加速するときの音をきいた瞬間、アフガニスタンに戻ったようになってしまうのだ。救急車のハンドルをぎゅっと握って、私は自分にいいきかせた。「落ち着いて、クレア。力を抜いて」まわりのあちこちで爆発が起こっていた。火薬のにおいがした。こんなふうに死ぬのはいや。まだやりたいことがたくさんある。必死に車を走らせつづけた。

こうした危険を数えきれないほど経験して、さまざまな知恵《ちえ》が身についた。たとえば、車の窓は少しだけあけておくこと。近くに爆弾が落ちたときの空気の振動を隙間《すきま》から逃がしてやることで、ガラスが割れるのを防ぐことができる。それに、外の音がきこえるようにしておくのも大切だ。それと、シートベルトは締めないこと。車が炎上《えんじょう》したときにすばやく逃げるためだ。出かけるときには予備の燃料を積んでおくこと。非常食としてドライフルーツを携行《けいこう》すること。検問を通るときはラジオの音を小さくして、常に兵士の動きに目を光らせておくこと。

アフガニスタン赴任中に、私は「ジュネーヴでは教えてくれないこと」という小冊子を書いた。赤十字国際委員会に新しく入ってきた人たちのためのものだ。私たちは分厚いマニュアルを渡され、中身を読んでサインさせられるが、書いてあることはあまり実務的ではない。だから、現場ではどんな危険があって、どうしたらそれを回避できるのかという情報をシェアしたかった。ありがたいことに、それはいまでは赤十字国際委員会のガイドラインの一部に組みこまれている。

アフガニスタンでの任務は、赤十字の看護師としての私のキャリアのなかで、もっとも危険なものだった。ある日のこと、一日の仕事を終えて帰ってきたとき、二フロア上の部屋にいる隊長が声をかけてきた。

「クレア、ちょっと来てくれないか」

私はへとへとだった。ちょっと放っておいてというのが本心だったが、「帰ってきたばかりだから、ちょっと待ってください」と答えた。

「いや、いますぐ来てほしいんだ」

「お茶だけでも飲ませてください」

「だめだ。きみにメダルが届いてる。すぐにみにきなさい」

なんの話だろう。私は体を引きずるようにして階段をのぼった。隊長はテレックスを手にしていた。テレックスには、私がフローレンス・ナイチンゲール記章を授与《じゅよ》されることが決まったと書いてあった。看護に功労のあった看護師に授けられる賞だ。でも私は、それがどうしたの？　としか思わなかった。そんなことよりお茶が一杯飲みたいし、シャワーが浴びたかったから。すばらしい賞をいただけるというのに、あまりに疲れすぎて、その意味さえよくわからなかった。

隊長との話を終えて、やっとの思いで部屋に戻ると、同居人が顔をゆがめて言った。

「その腕……！　いったい何があったの、クレア？」

そのとき初めて、わたしはまだ血まみれの状態だったことに気づいたのだった。

16 男女の教育

一九九二年のはじめ、同僚の多くが赴任期間を終えて、新しいスタッフがやってきた。私にとっては落ち着かない時期ではあったが、その年の誕生日は最高だった。朝、いつものように応急処置センターに行くと、シール・アフザルが、患者からみえないようにカーテンで仕切った場所に、お祝いの場を設けてくれていた。スタッフのひとりひとりが私をぎこちなくハグして、頬にキスしてくれる。私はちょっと照れくさかったが、とてもうれしかった。どうしてこんなことをとシール・アフザルにきくと、彼はこういった。「西洋の人たちはこうするんだろう？」彼はカブールにあるアメリカ企業《きぎょう》で働いたことがあり、そのときに西洋人の文化を学んだらしい。

プレゼントは伝統的な丈《たけ》の長いチュニックとズボン。ライラック色で、フリルやリボンがついている。白いショールとズボン、ピンク色のビニール靴と、青いプラスチックのブレスレットもあった。すごく若作りをしているように思えたが、その日はプレゼントされたものを身につけ、同じくプレゼントされたコールというアイシャドウのようなものを目のまわりに塗った。

夜は自宅でパーティーを計画し、一七人のスタッフや友人を招いていたが、二三人ものお客さんが来てくれた。私が用意したのはチキンのサテ（鳥を焼いたもの）、ライス、野菜。同僚もチョコレートのケーキやアイスクリームを作ってくれた。ロシアのシャンパンを楽しみ、最後はアイリッシュコーヒーを飲んで、しあわせな気分でベッドに入った。

翌朝、私は山に登り、〝花の谷〟と呼ばれる渓谷の景色を楽しんだ。泥や雪を押しのけて、黄色いクロッカスが一帯の地面を埋めるように咲いていた。この花の雄《お》しべは料理に使われる。同じ重さの金と取引されるという、高価な食材だ。私が座っていたのは、あるムジャヒディンの司令官の要塞のなか。そこには一五人のムジャヒディンがいて、人道法やジュネーヴ条約について話し合っていた。私の通訳はシール・アフザル。このような集会に招待されたのはこのうえない名誉だった。ムジャヒディンは私や赤十字国際委員会の活動を尊重してくれているのだ。

どうしたらこの地域に平和をもたらすことができるのかを話しているとき、ひとりが私の顔をみた。

「クレアさん、優しくかよわい女性であるあなたに、なにができますか？」

私は驚くと同時に、会話に加えてもらえたことがうれしかった。女性が意見を求められるなんて、とても珍しいことなのだ。でも、いいたいことをどう表現すればいいかわからなかった。

「問題を解決する方法は戦いだけではありません」こう答えたあと、どこからともなく頭に浮かんできた言葉を口にした。「かよわい女性にはなにもできないといいたいんですか？　では、水はどうです？　なんの力もないようにみえるけれど、ときには山を動かすことだってできるんですよ」

彼らは私がいった言葉の意味を理解した。

「ああ、そうですね」彼らは思慮深くうなづいた。そしてこう答えた。

「けれど、それは私たちのやり方ではないんです」

私はムジャヒディンとの交流を楽しむようになっていった。彼らの村を訪ねるのも楽しかった。女性の姿はまったくみえない。村を歩いているのは、髪やひげを長く伸ばした兵士たちばかり。シール・アフザルではなくアリが通訳としてついてきてくれることもときどきあった。何度も村を訪れて怪我人の手当てをするうちに、私は地域の人々に顔を知られるようになった。ある日、ひとりの男にこういわれた。「アフガニスタンでは、女性が仕事をするのは大変だろうね」

アリが即座《そくざ》に答えた。「クレアは女性じゃないよ」

私はびっくりしてアリをみた。あとで、その言葉の意味をきいてみた。

「だって、そうじゃないか」アリはこういった。「きみは女らしいことはなにもしない。

女の服も着ないし、結婚もしていないし、子どももいない。行動も女らしくない。トラックを運転するし、男たちに命令までする。だから、きみが女性であるはずがない」

たしかに、道端で倒れている怪我人を手当てするときの私は、女らしくない。こっちに来て覚えた現地の言葉をいくつか使って、仲間に大声で命令する。

「こっちに来て！」

「じっとして！」

「ここを持って！」

「もっと高く！」

「もっと低く！」

「痛みはどこ？」

といった具合だ。まわりのスタッフに笑われることもある。

「どうして笑うの？　発音がおかしい？」

「おかしくないよ。でもさ」

彼らは、女が男に指示を出すシーンを何度みても違和感《いわかん》を覚えるらしい。だからといって、指示に応じないわけではなかった。それに、着任したてのころにシール・アフザルにいわれたことだが、三十代後半の私は彼らにとってはもうオバサンで、なんの脅威《きょうい》も感じないし、だから反発する必要がないのだ。私ははじめ、アリの言葉を失礼だと思った。そこまでいうことはないでしょ、と。でも、すぐにその本意に気がついた。彼らは私を男性と同等だとみなしてくれている。私はこのことを名誉だと思うべきなのだ。

四月、ある村の診療所を訪れたときのこと。その日は大雨で、乗っていたランドクルーザーがぬかるみにはまり、立ち往生してしまった。しかたなくその場に車を置いて、一〇キロ歩いて応急処置センターに戻った。車がないから、家に帰ることができない。センターで夜を明かすことになった。それが大きな転機になった。

アリ、アブドゥル、ハッサン、ムハンマド、ダウドの五人と同じ部屋で、夜を過ごした。車は翌日になっても動かすことができず、結局はセンターに二泊《はく》することになった。そして私は、ミルバチャコットから離れたくなくなってしまった。

いつのまにか、五人とのあいだに暗黙《あんもく》の信頼関係ができていた。そのことを強く感じたのは、ムハンマドが友だちの家に連れていってくれたときだ。私は中庭に通され、階段をのぼって、離れのような建物に入った。広々とした明るい部屋に案内してくれた。そこには、若くてとてもハンサムなムジャヒディンと、その花嫁《はなよめ》がいた。花嫁はとてもきれいな女性で、目の覚めるようなターコイズブルーのドレスを着て、頭に白いベールをかぶり、金のネックレスをしていた。新郎《しんろう》みずから英語で説明してくれたところによると、ふたりは一週間前に結婚したばかりだという。地域のしきたりのとおり、結婚式《けっこんしき》の日が初対面だった。結婚式から一週間、夫婦《ふうふ》はひとつの部屋で過ごし、その外には新郎の母親が立って見張っている。だれも部屋には入れないし、夫婦も出ることができない。そしてふたりは、契《ちぎ》りを結んだ証拠《しょうこ》を提出しなければならない。つまり、血のついたシーツを母親にみせるのだ。そして新郎は恥ずかしそうに付け加えた。契りを結ぼうとがんばってはいるが、いまだ出血するには至らないのだ、と。困りはてた末、私に助けを求めたということがわかった。

アフガニスタンの文化では、男女の体のことやセックスのことを話すのはタブーとされている。応急処置センターの看護師たちに講習を始めたばかりのとき、私は彼らに一冊の本を渡した。すると何時間もしないうちに、その本から、女性が出産をするときのイラストのページが破りとられてしまった。私は腹が立って、シール・アフザルにそのことを話した。すると、そのようなイラストは冒瀆《ぼうとく》にあたるから許されないんだよ、との答えが返ってきた。またあるとき、ダウドが、自分が結婚したときに父親にこんなことをいわれたと話してくれた。「穴がふたつあるから、前のほうに入れろ」それが唯一の性教育だったという。

新郎は、医療従事者としての私の意見をききたがった。私はまず、潤滑《じゅんかつ》剤を使ってはどうかと勧めた。「それはやってみた。ほら」新郎はそういって、シャンプーのボトルを手に取った。「それはあまりよくないわね」私はそういってから、セックスについての基本的な知識をふたりに授け、翌日も来ると約束して、その家を出た。

翌日、私はワセリンを持って新婚《しんこん》夫婦の部屋を再訪した。ワセリンだけでなく、注射器も一本手渡《てわた》した。「ワセリンを使ってもうまくいかなかったら、注射器で新婦の腕から血を採って、シーツにつけるといいわ」これで一件落着。私がその家を二度訪れた本当の理由は、ほかのだれも知らないままだった。

五人の看護師のひとり、アブドゥルが私の母に手紙を書いてくれたことがある。とても素敵な内容だった。

大切な、そして誉《ほま》れ高きお母さんへ！

クレアは私たちの傷を癒してくれるだけではありません。心の友として、私たちを笑わせ、元気づけてくれます。美しく元気な鳥が歌うように、愛と思いやりを私たちに教えてくれます。そして優しい先生でもあります。

私たちがしあわせなときは、いっしょに笑ってくれますし、私たちにつらいことがあったときは、いっしょに悲しんでくれます。クレアは人間の形をしたお花なんじゃないか、と思うこともあります。こっちの人々はみんな、クレアのことを〝ココ・グル〟と呼んでいます。山のように大きな花という意味です。

紛争は激しさを増していた。ある日、私が応急処置センターにいたとき、すぐそばから爆音《ばくおん》がきこえはじめた。このままだとセンターも爆撃されて、全員がやられてしまう。砲《ほう》弾《だん》は政府軍の区域から飛んでくる。私は急いでカブールに無線連絡を入れ、休戦の交渉をしてほしいと頼んだ。

恐怖と緊張のなか、二時間ほど待っただろうか。やっとのことで攻撃がやんだ。私は重傷患者を一〇人選んで救急車に詰めこむと、攻撃が再び始まらないうちに、センターをあとにした。

戦闘以外の危険もあった。ある夜遅く、同居しているスタッフのひとりがデートの相手を連れて帰ってきた。二時間ほどして、私は目を覚ました。壁や食器棚ががたがた揺れていた。「さっきの男の人ったら、激しいのね」と思ったが、すぐにそうではないと気がついた。家全体が揺れている。地震《じしん》だ。私はみんなにきこえるように大声をあげ、床に落ちて割れたカップや皿を踏みこえながら、コートをつかんで外に出た。第一波はすぐおさまったし、第二波はたいしたことがなかった。でも、私の心臓はまだどきどきしていた。私たちの被害はわずかですんだものの、地域ではたくさんの死者が出たときいた。

その日以来、私は服を着て眠るようになった。上着やコート、ブーツ、家の鍵は、すぐに手に取れるところに用意しておく。ただし、あわてて家を出ると、落ちてくるレンガやガラスが当たったりして危ないそうだ。それよりは、家にとどまってテーブルやベッドの下に隠れ、揺れがおさまるのを待ったほうがいいとアドバイスされた。

湾岸《わんがん》戦争が激しさを増し、アフガニスタンの情勢はますます不安になってきた。いつ人《ひと》質《じち》に取られるかわからない。アフガニスタン南部で働いている赤十字国際委員会の看護師とその通訳が、ムジャヒディンに誘拐《ゆうかい》された。幸いなことにふたりは無事に解放されたが、乗っていた車は奪われた。また、ミルバチャコットでの活動をやめないと、なにがあっても知らないぞ、と脅《おど》されたとのことだった。

それでも私たちは活動をやめなかった。ある日、ミルバチャコットから怪我人を運んでいるとき、ターバンで顔を隠した男たちに待ち伏《まぶ》せされた。私をみて、男たちは明らかに驚いていた。「おれたちについてこい。ひどい怪我人がいる」

「それなら救急バッグを取ってくるわ。ここで待っていて」

「いや、その必要はない。早く来い」

そのとき、ようすをうかがっていたシール・アフザルが口を開いた。この人をセンターに返して、医師を連れてこさせたらどうか、と提案した。男たちはシール・アフザルと、同行していたもうひとりのスタッフを連れて、その場を去った。私はセンターに駆けもどり、緊急無線でカブールを呼びだし、状況を知らせた。何時間かして彼らは無事に解放されたが、何ヶ月分かの給料が入ったバッグは奪われたとのこと。そして、男たちからの伝言をきかされた。「この地域で女が働くことは許さない」というものだった。

私は現場で働きつづけた。地元の人々からの、残ってほしいという要請もあった。女性の看護師がいなくなったら、地域の女性たちが困ってしまう。しかし、長くは続けられなかった。赤十字国際委員会がこの危険な状態を憂慮《ゆうりょ》し、出動の回数をできるだけ減らすようにと、といってきたのだ。私は抗議《こうぎ》した。私はこの地域の人たちに守られているからだいじょうぶ、と。でも、本部はききいれてくれなかった。

一介《いっかい》の看護師のいうことなど、まともに取り合ってもらえないのだろうか——悔《くや》しい思いでいっぱいだった私に、本部はパプアニューギニアでの仕事をオファーしてきた。ブーゲンビル革命が起きて、政府と先住民が衝突しているという。私はしかたなくそれを受けた。やりがいのある仕事だとわかっていたから。でも、アフガニスタンを離れるのはつらかった。

ばたばたとスイスに戻ったものの、結局、パプアニューギニアには行かなかった。アフガニスタンのでこぼこ道を車で行き来していたせいで、私は腰を痛めていた。ジュネーヴで定期健診《けんしん》を受けた結果、緊急の手術を受けることになってしまった。私は病院のベッドから、応急処置センターの〝五人組〟と連絡を取りつづけた。こうしてつながっていれば、いつかあの土地に戻れる日が来るのではないか、そんな期待を持っていたからだ。しかし、それから何ヶ月かたったとき、私の後任の男性看護師が、仕事中に至近距離で銃撃された。もしも私がカブールに残って仕事を続けていたら、私も撃たれたのだろうか。それはだれにもわからないことだが、ひとつだけはっきりしたことがある。私はもうアフガニスタンには戻れない。

17 夢は終わった

次に赤十字国際委員会が提案してきた赴任先はトーゴだった。私はトーゴの場所を地図で調べようとも思わなかった。南太平洋に行くのは気分が変わってよさそうだ、なんて呑《のん》気《き》に考えていたのだ。事前講習の席ではじめて、自分がトーゴをトンガだと勘違いしていたことに気がついた。そう、私の行き先は南太平洋の島ではなく、アフリカだった。新しく作られたばかりの役職〈地域指導官〉として西アフリカに向かう。紛争地域や被《ひ》災《さい》地域で赤十字国際委員会のボランティアスタッフを育てるための研修コースを計画、実践するのが私の仕事。担当する国の数は一六。政情が不安定な国ばかりだ。トーゴという国じたいはどうかというと、前年のクーデターの企《くわだ》てにより多数の死者や怪我人を出して以降、暫定《ざんてい》政権が置かれていたが、四月に地方選挙がおこなわれる予定で、それがさらなる騒乱《そうらん》につながるのではないかといわれていた。この状況に対処するため、トーゴの赤十字が支援を求めているとのことだった。ちょうど、いくつかの富裕《ふゆう》国が海外支援の予算を削減《さくげん》しはじめた時期だった。国際赤十字赤新月社連盟（各国の赤十字社・赤新月社の国際的な連合体）も、ヨーロッパの富裕国からの援助を受けていた。その援助がいつまで続くかわからないという事情を各国の担当者に伝えるのも、私の今回の役割だときかされた。結果的に地方選挙は一九九三年まで延期されたが、騒乱への備えは早くしておくに越したことはない。

トーゴの首都ロメに到着したのは、一九九二年三月。ロメでの宿泊先《しゅくはく》は〈パーム・ビーチ・ホテル〉。東向きの贅沢な部屋で、海岸や港を見渡すことができた。どこまでも続く黄色い砂とヤシの木のビーチに、高い波が打ちよせていた。

今回の仕事では孤独《こどく》を感じることが多かった。ロメには数日滞在するだけで、あとは西アフリカの国から国へと移動するので、友だちを作る暇《ひま》もない。それに、ひとりで外出するのは危険だと警告されていた。新しい役職なので、ほかのスタッフや同僚たちともなじみにくい。どこに行っても、自分の居場所がないような気がしたものだ。

トーゴの赤十字本部にいたとき、壁にひとりの白人男性の写真が飾ってあるのに気がついた。あれはだれですかときいたら、二年前にここで働いていた赤十字国際委員会のスタッフですよ、と教えられた。マラリアにかかり、治療を受けるのが遅れたせいで命を落としたという。その次の年には一七人の外国人スタッフがマラリアにかかり、本国に帰っていったとのこと。一七人というのはかなりの数だ。

四月と五月の二ヶ月をかけて、訪問予定だった一六国のうち半分をまわった。コートジボワール、シエラレオネ、リベリア、カメルーン、ガーナ、ナイジェリア、マリ。利用した航空会社はどれも、悪評のとおりだった。前もってきちんと予約して、座席が確保されていることを何度確かめておいても、いざ搭乗《とうじょう》という段になると、座席がないということが起こりうる。ナイジェリアのアブジャからラゴスに移動したときも、ナイジェリア航空は二〇人の乗客を滑走路に残して扉《とびら》を閉めた。燃料が足りないので全員は乗せられないとの言い分だった。残された人々は搭乗券を振りまわしてタラップに駆けよったが、どうにもならなかった。押し合いしたときに怪我をした人や、靴を失ったり荷物を壊されたりした人もいたそうだ。私はたまたま乗れたので、ラッキーだった。飛行機が離陸すると、乗客と乗員が仰天《ぎょうてん》する出来事が起きた。トイレに隠れていた客が四人、出てきたのだ。また、ラゴスでロメ行きの飛行機に乗りかえようとしたときも、サッカーチームを乗せろと政府がごり押《お》ししてきたせいで、乗客の大部分が座席を奪われてしまった。私はタクシーで五時間かけて帰るしかなかった。運休もしょっちゅうあるし、経路の変更《へんこう》やオーバーブッキングも珍しくない。移動が運に左右されるので、それが大きなストレスだった。

赴任中に一度ジュネーヴに戻り、アフリカで気づいたことを報告するとともに、研修のやりかたを改善するよう提案した。当時おこなわれていた研修に無駄な項目《こうもく》があまりに多すぎると気づいたからだ。たとえば心肺蘇生《そせい》の訓練。現場には酸素吸入器も除細動器《じょさいどうき》もないのに、その使いかたの研修に貴重な時間を割く理由がわからない。また、動脈と静脈《じょうみゃく》を見分けることより、どうしたら出血を止められるかを学んだほうがいい。骨折と脱臼《だっきゅう》と捻《ねん》挫《ざ》の区別をつけられるようにするより、どうしたら患者の痛みや不快感を取り除いてやれるかが重要だ。救急の現場で働く人材を育てるには、いかに想像力を働かせ、機転を利かせるかを優先的に教えるべきではないか。

私は指導員の教育をおこなうことになった。西アフリカをいくつかの地域に分けて研修プログラムを実施する。といっても、研修はほぼ一日で終わる。午前中は基本的な応急処置――止血、副木《そえぎ》の当てかた、患者の安全な避難――を学び、午後はその応用を学ぶ。ロールプレイング形式の演習で、地元の小学生や赤十字のスタッフが怪我人の役をする。地面に倒れたり、トラックに轢かれたり、穴にはまったり、木から下りられなくなったりといった人をどうやって助けたらいいかを考えるのだが、その途中で、たいてい私が兵士に扮《ふん》して割りこみ、現場をさらに混乱させる。研修生たちはみな、最初は困惑しているが、次第に問題解決のコツをつかむようになる。

指導員の教育を終えたあとは、自分の経験を活《い》かして、二冊目の小冊子「紛争地域における応急処置」を書きはじめた。アフガニスタンで書いた一冊目の小冊子のことも考えると、ディスレクシア（読み書き障がい）の私がよくここまでがんばれたと思う。いや、だからこそ、言葉ではなく図解を多用することで、わかりやすいものが書けたのかもしれない。

一九九二年四月、私はシエラレオネのフリータウン郊外のホテルにいた。町のほうから銃撃の音がきこえて、最初は銀行強盗かなにかだと思ったが、すぐに情報が入ってきた。クーデターだった。バレンタイン・ストラッサー大尉《たいい》が、体制に不満を持つ若い将校たちを率いて、モモ大統領の失脚を狙って起こしたものだ。ストラッサーは国家暫定統治会議を設立し、自らがそのリーダーになると宣言した。朝のラジオで「人民は苦しみ、子どもたちは学校に行けず、道路はがたがただ」と訴えたばかりだった。人々は、ストラッサーの目的は権力を自分の手に入れることだけだということに、まったく気づいていなかった。

ホテルを出るなという警告は受けたが、状況を自分たちの目で確かめる必要があった。もしも可能なら、怪我人を助けなければならない。赤十字国際委員会が西アフリカにスタッフを派遣しているのはそのためなのだから。

ランドクルーザーに赤十字の旗を立て、慎重に町に入った。兵士たちが無規律に暴れまわり、怪しいと思ったものすべてに向けて発砲している。私たちはなんとか無事に応急処置センターに到着し、私がそれまで人に教えてきたことを実践に移した。応急処置のスタッフをふたつのチームに分けて、怪我人の回収と手当てに当たらせた。

続く二日間はまったくの無政府状態だった。兵士たちの多くは酒やドラッグで酩酊《めいてい》し、通りかかる車を乗っとっては、ガソリンがなくなると乗りすてる。そして次の車を奪う。何人もがボンネットやルーフに乗ったり窓から身を乗りだしたりして、クーデターの成功を祝う歓声《かんせい》をあげる。動くものはなんでも標的にして発砲し、商店を襲って略奪する。こんな状態の町に出かけていったら、いつ流れ弾《ながだま》に当たってもおかしくない。

しかし、住人は赤十字に救いを求めてきた。私たちは怪我人をみつけては病院に運んだ。病院はまさに血の海で、民間人と兵士の区別もなく、うめいたり泣いたり助けを求めたりしながら、ベッドに横たわっていた。電気も水道も止まっていたので、配管工や電気技師を探しだし、赤十字の旗があれば攻撃されないからだいじょうぶだと説得して、協力を求めた。病院に必要な包帯や輸液といった物資の運搬もおこなった。

移動中、目を血走らせた兵士に銃をつきつけられ、「白いアメリカ人を殺してやる」と叫ばれた。運転席にいた地元の指導官が、とても落ち着いた口調で兵士にいった。「この人はアメリカ人じゃなくてスイス人だ。私たちは医師を迎えにいくところなんだ。病院で怪我人の治療をしてもらわなきゃならないからね」私は怖くてがたがた震えるばかりだった。やがて兵士は納得《なっとく》したらしく、私を撃つのをやめた。代わりに自分も病院に連れていってほしいという。銃を持った人は乗せられないと答えると、兵士は路肩にいた仲間に銃を預け、車に乗りこんできた。医師を乗せてから病院に着くと、兵士は怪我をした友人に会いにいった。

脳裏《のうり》に焼きついて消えない光景がある。撃たれたばかりの若者の姿だ。みんなが怖がって遠巻きにしていた。近づいてみて、その理由がわかった。腹部が裂《さ》けて、内臓がこぼれ出ていたのだ。私は必死に自分を落ち着かせ、だいじょうぶよと声をかけた。大きな布をみつけて傷口を覆った。ショック状態で痛みさえ感じていない若者をストレッチャーに乗せ、内臓を押さえて車に乗せた。しかし病院は怪我人だらけで、どうしてやることもできない。若者は自分の血にまみれて横たわり、懇願するような目で私をみながら「死にたくない」と繰りかえしていた。私は「だいじょうぶよ」と答えたが、長くはもたなかった。

八月、私はジュネーヴの本部で働かないかという打診を受けていた。研修、戦地での活動報告の授受、看護師志望者の教育課程の創設などをおこなうことになるらしい。ところが、その可能性についてよく考える暇もないうちに、思いもかけない障害物が私の前にあらわれた。マラリアだ。

そのとき私は中央アフリカにいた。忙しい三日間を過ごしたあと、コートジボワール行きの飛行機がキャンセルになったせいでさらに四日間滞在した。やることもなく、車もなかったので、水もろくに出ないホテルでほぼ缶詰状態。電球も一〇個あるうち九個が切れているというひどいありさまだった。私のほかにはビジネスマンのグループが投宿しているだけ。出入りする女性はすべて売春婦だった。早く帰りたくてしかたがなかった。

やっとのことでコートジボワールのアビジャンに戻った日の夜、食欲がなくて、寒気がした。仲間たちは口を揃えて「マラリアの初期症状だ」といった。次の朝、医師にみてもらい、抗マラリア薬を出してもらった。家に帰ってじっとしていたが、具合はどんどん悪くなっていった。夜は寝返りを打ってばかりで、氷水を浴びたように寒くなったと思ったら、次の瞬間には全身が焼けるように熱くなる。悪夢にもうなされた。朝になり、みんなが仕事に行ってしまったあと、自分でお茶をいれようとしたが、気づいたときにはリビングの床に倒れていた。気を失ったのは人生ではじめてだったし、このことはだれにも話さなかった。自分の管理もできない人間だと思われたくなかったからだ。何日か休んでから職場に戻ったが、吐き気とだるさは残っていた。薬をすべてのみおえる前に、たびたび気を失うようになっていた。そしてとうとう、オフィスにひとりでいるときにも倒れてしまい、意識が戻ってから体を引きずってデスクのところまで行き、受話器を取って友人に電話をかけた。そしてまた気を失った。私は病院に連れていかれた。

その日の夜が山だった。全身が冷たくなったり熱くなったりを繰り返したあと、トンネルに潜《もぐ》るような感覚に襲われたかと思うと、意識を失った。目が覚めたとき、頭を枕から上げることもできなかった。髪は嘔吐物にまみれてべたべた、全身が汗だくだった。気を失ってから何時間たっていたのかも、なにが起こっているのかも、全然わからなかった。

次に目が覚めたとき、私は汚い病院の集中治療室にいた。両腕に何度も点滴の針を刺されたらしく、青黒い針山のようになっていた。痙攣止めと鎮静剤を投与されていたそうだ。でも夜中に発作があったのを思い出して報告したら、だれも信じてくれなかった。

「もうよくなってきてる、だいじょうぶだよ」としかいってもらえない。

一週間ほどたち、一九九二年のクリスマスが過ぎたころ、私はまるで傷病兵のように、回復しないままにヨーロッパへ送り帰された。それ以上とどまっていてまたマラリアにかかると危険だという判断からだった。抗マラリア薬は、痙攣や意識喪失《そうしつ》という副作用があることで知られている。運悪く、私はそれが強く出てしまう体質だったようだ。生死の境をさまよったともきかされた。もうリスクは冒せない。夢は終わった。

18 宿命の転換

闇《やみ》に閉ざされたような日々が始まった。私の人生を構成するすべてがばらばらに吹きとばされてしまったようで、来る日も来る日も、それを思いしらされる。もう元の私には戻れない。

海外赴任のあとは活動報告をして健康診断を受けなければならない。アビジャンからジュネーヴに向かう飛行機はビジネスクラスにアップグレードされていたが、私はただ涙を流すばかりで、出された食事には手をつけられなかったし、疲れきっていたのに眠ることもできなかった。私は文字どおりぼろぼろだった。ジュネーヴに戻ったとき、私をみた看護師はぎょっとして息をのんだ。私が青白く、やつれ、ひどい顔をしていたからだ。体重もかなり落ちて、着ている服がぶかぶかだった。私だとわからないくらいだった、とそのときの看護師はいっている。そして彼女は、私を翌日のフライトでイギリスに帰すべきだと即決《そっけつ》した。

どこが悪いのか、なんの病気なのか、だれにもわからなかった。ロンドンにある熱帯病の専門病院でもみてもらったが、もうマラリアは治っているし、ほかの感染病にもかかっていないといわれた。神経科に紹介され、脳を徹底的《てっていてき》に検査されたが、ここでも異常なし。かかりつけ医は、マラリア治療薬の副作用が続いていて、その影響で鬱《うつ》状態になっているのだろうと結論づけた。

どんなことにも集中できない。車の運転にも、テレビにも、ラジオにも。食欲もない。起きぬけの紅茶があんなに好きだったのに、飲めば吐き気をもよおすばかり。庭仕事をしてもなんの喜びも感じない。私はいったいどうしてしまったんだろう。あらゆる感情や感覚を失ってしまった。両親はとても心配していたが、時間が薬になるのを待つしかないと考えたようだ。こんな状態から早く抜けだしたい。でも、涙が止まらない。眠れない。夢も目標もすべて消えてしまった。だからなにもやる気が起きない。

どん底まで落ちた私は、ようやく決意した。なんとかして這いあがろう。毎日のルーティーンを決めて、無理にでもそれをこなそうとした。何時間かおきに、少しでもいいから食べたり飲んだりする。庭仕事をする。なんでもいいから建設的なことをする。しかし、かつてはあんなに楽しかったことが、いまはただの虚しい作業にしか思えない。

自力だけではどうにもならないという事実を受け入れた。かかりつけ医に相談すると、臨床《りんしょう》心理学者を紹介してくれた。よりによってどうしてそんな人を、と思ったが、会いにいくことにした。すべてに靄《もや》がかかったような日々から抜け出せるなら、どんなことでも受け入れよう――そんなふうに思えるほど切実な状態だったのだ。心理学者のトニー・ベドフォードに会ってみると、一服の清涼《せいりょう》剤を口にしたような気分になった。私がこれまでの人生や家庭環境についてひととおり話すと、トニーは目を丸くした。「それほどの経験をしてきたんなら、いまみたいに落ちこむのも当たり前じゃないかな」

「〝それほどの経験〟って、どういうこと？　私はふつうに生きてきただけなのに」

「だれだって傷つくときは傷つくんだよ。だれにでも心が折れるときがあって、そのときがいつ来るかは人によって違う。心が折れたときは、自分を優先するべきだ。いまのきみがまさにそうだね」

失うものはない。トニーを信じてみようと思い、定期的に会うようになった。あるとき、こんな質問をされた。世界中のなんでも、どんなに高価なものでも、なにかひとつ手に入れられるとしたら、なにが欲《ほ》しい？　私の答えはこうだった。「幸福。自分が幸福になれば、ほかの人たちも幸福にしてあげられる。それが私にとっていちばん大切なことだから」

「欲があまりないんだね」トニーは笑った。

それからの私の変化は、すべてトニーのおかげだ。彼は、ばらばらになっていた私のピースをすべて集めて、つなぎあわせてくれた。やる気を出させて、ポジティヴな要素をみつけてくれた。おかげで私は次第に自信と自尊心を取り戻し、アビジャンをはじめとするいろいろなところで起こったことを素直《すなお》に受け入れることができるようになった。私は完璧な人間じゃないし、完璧を目指さなくたっていいんだとわかった。これまでの出来事――たとえばエチオピアで飢えた子どもの命を選別したことや、レバノンやアフガニスタンで爆弾に怯えて手が震え、点滴の針をうまく刺せなかったこと――をトニーに何度も話すうち、それを別の角度からみて理解できるようになった。私がやったことは間違っていなかった、あの状況でできる限りのことをやったんだ、と認められるようになった。完璧ではない自分を許せるようになった。ときには自分を優先してもいいんだと思えるようになった。

三ヶ月たって、私はだいぶ回復し、ジュネーヴに戻ることができた。戦地に赴く医療スタッフに適切なアドバイスを与えられるような、経験を積んだ野戦看護師を求めているとのことだった。一〇〇パーセント回復したわけではない私にとっては絶好の条件だった。ただ、実際に職場に復帰しても、やりがいが感じられなかった。自分がなんのためにその仕事をしているのか、わからなかった。目標を失ってしまったからだ。

週末が生きがいのようなものだった。自転車をこいで、ジュネーヴ郊外の農園をやっている親戚の家に遊びにいき、キッチンや菜園の手伝いをさせてもらった。牛の世話がいちばん楽しかった。夏になると、フランスとの国境近くにあるサレーヴ山の牧草地へ牛を連れていく。雄大《ゆうだい》な自然に囲まれるひとときは、なにものにも替《か》えがたい喜びだった。

定期的にロンドンに戻ってトニーに会っていた。私のそれまでの人生は、苦しむ人々を救い、平和を願うことのためにあるようなものだった。結婚や出産には興味が持てなかったし、そういう機会にも恵まれなかった。そのことを悔《く》いてはいないが、自分の人生を価値あるものにするためのなにかがほしい、そういう気持ちになっていた。そんな私に、トニーは、人生を導いてくれる哲学のようなものを探してはどうかとアドバイスしてくれた。たとえば宗教。でも、キリスト教や、功利主義といったものが、私の人生の導きになるとは思えなかった。私が求めていたのは、世界平和は実践可能なのだと本気で信じさせてくれるような教えだった。

それから半年ほど過ぎたとき、トニーが、仏教はどうだろうといった。私はすぐに却下《きやっか》した。仏教に偏見《へんけん》を持っていたせいだ。仏教徒はみんなオレンジ色のみすぼらしいローブを着て、あらゆる楽しみを否定して生きている。仏教徒はいつもお経《きょう》を唱えて、来世も人間に生まれることを願ったり、数えきれないほど生まれ変わってようやく涅槃《ねはん》にたどりつけると考えたりしている。そんなイメージしかなかった。辛抱強《しんぼうづよ》く待つなんて、私には合わない。なにかを変えるならいまこのとき、現世で変えなければ意味がない。するとトニーは意外な告白をした。ここのところ仏教に興味を持って、南無妙法蓮華経《なんみょうほうれんげきょう》を唱えているんだよ、と。私は心底驚いた。いつも高価なスーツを着た英国紳士《しんし》のトニーが、お経を？　ありえない。だいたい、お経なんか唱えてなんになるの？　するとトニーは、最近奥さんが亡くなったことを教えてくれた。救いを求めて、仏教にたどりついたのだと。

「この本を読んでみないか」トニーはそういって、リチャード・コーストンの『The Buddha in Daily Life』を渡してきた。

「いらないわ。読まないから」私は仏教と関わる気はまったくなかった。

トニーはめずらしく、強い口調でいった。「そんなことをいうなよ。頼むから読んでみてくれ」

ジュネーヴに戻る飛行機のなかで、その本を読みはじめた。理論的だなと思ったが、閉じることができなかった。光に満ちた世界への扉が開かれたような感じ。叶うはずがないと思っていた夢を具現化してくれるような哲学だった。これまでの人生でずっと信じてきたことを系統立てて考えるための枠組《わくぐ》みを与えてくれた。

試しに二、三ヶ月、仏教というものに触れてみることにした。自分と向き合い、題目を唱えることで心の状態を改善してくれるというのが気に入った。ジュネーヴにあるさまざまな仏教のグループを訪ねて、その違いを確かめた。いちばんいいと思ったのは、SGI（創価学会インタナショナル）が信奉《しんぽう》する日蓮《にちれん》大聖人の仏法だった。はからずも、私はトニーと同じ道をたどったのだ。この仏法は、私がずっと抱えていた疑問に答えてくれただけでなく、世界に平和をもたらし、自分や他人の幸福を追求するための方法をも教えてくれる。しかもその幸福は、来世のものだけではない。現世の幸福を求めることができるのだ。この仏法を実践する小さなグループをみつけたので、参加してみた。そしてすぐに気に入った。想像していたような厳粛《げんしゅく》で宗教色の強い会合ではなく、温かくて陽気で楽しい雰囲気《ふんいき》に満ちていた。その日以来、私も毎日祈るようになった。

ジュネーヴで二年ほど働いたあと、私は医療人類学で修士号を取るために大学に戻ることにした。選んだのはロンドン西部のブルネル大学。はじめはアクスブリッジの寮に住んでいたが、メイデンヘッドに住んでいた友人がよそに引《ひ》っ越《こ》すとのことで、その家に住まないかといってくれた。二軒隣の家には、SGIのフジイカズオ氏と、奥さんのキャロリンが住んでいた。親しくなりすぎると、宗教にはあまり関わりたくないと思ったときに面倒なことになるだろうか、という不安があった。でも、ロケーションは最高だった。テムズ川のすぐそばで、部屋は明るく解放感がある。迷いは捨てて、その家に住むことにした。それに、そもそも心配する必要はなかった。奥さんのキャロリンと私は大の親友になった。キャロリンは、子ども三人と体の不自由なお母さんの世話をしながらビジネスを成功させている、とても素敵な女性だった。夫のフジイ氏は信心にとても熱心で世界中を飛びまわって活躍していた。驚いたことに、キャロリンもディスレクシア（読み書き障がい）だった。ふたりで雑誌のパズルを解きながら、お互いの障がいのレベルを比べようとしたものだ。どんなにがんばっても答えが出ないので、ふたりでおなかを抱えて笑いあったのを覚えている。あまりにも居心地のいい家だったので、自分の家よりもキャロリンの家で過ごす時間のほうが長かった。この時期、私は犬を飼いはじめた。キャロリンの勧めがなかったら考えてもみなかったことだ。

二〇〇三年のはじめ、BBCの調査員から連絡があった。エチオピアでの経験について話がききたいという。マイケル・バークを覚えていますか？　彼といっしょにエチオピアを再訪し、この二〇年間に状況がどう変わったかを確かめることに興味はありませんか？ときかれた。反射的に頭に浮かんだのは、勘弁《かんべん》してよ、という思いだった。しかし、よく考えるにつれて、そんなふうに思ってしまう理由がわかってきた。私は怖いのだ。エチオピアの人々は、どんな人間として私を覚えているんだろうか。あのときのことをどんなふうに思っているんだろうか。私は憎まれていないだろうか。それを知るのが怖いから、行きたくないのだ。

一方でめったにないチャンスではないか、という気持ちもわいてきた。二〇年もの間私の心の奥にゴーストのように存在し続けていた恐怖や苦悩とあらためて向き合い、自分を見つめ直すことができるかもしれない。それに、テレビ番組を通して世界中の人々に平和の大切さを訴えることもできるとしたら、断るわけにはいかない。なにが起こるかはわからないが、相応の覚悟《かくご》さえ決めれば、行ってよかったと思えるような結果になるはずだ。気が付けば、その一歩を踏み出《だ》せる自分になっていた。

一九八四年にマイケル・バークと出会ったことは、もちろんはっきり覚えていた。とくにあのひどい質問を忘れられるはずがない。マイケルはこういった。「あなたの決定によって、どの子どもが助かってどの子どもが命を落とすかが決まるわけですね。日々そういう仕事をしていることは、あなたの人生観になんらかの変化をもたらしましたか？」私はこみあげる怒りをこらえて、こう答えた。「もちろんです。いつも胸がはりさけそうです」

二〇〇三年八月五日、アジスアベバに飛んだ。初日はマイケル・バークがギルマ・ウォルドギオルギス大統領にインタビューをするとのことで、私と運転手だけで町を散策した。町は以前と同じように埃っぽかったが、建物は増えていたし、騒々《そうぞう》しさも増していた。人々は互いにぶつかりながら道路を行き交い、車はクラクションを鳴らしまくる。物売りの声も響く。コーヒーとユーカリとフランキンセンスの香りに排気《はいき》ガスのにおいが混じったものが、二〇年前と同じく町じゅうに漂っている。

その夜、私はマイケルや撮影《さつえい》クルーとともにレストランで食事をした。マイケルは私に、二〇年前の取材をどう思ったかときいてきた。私は正直に答えた。

「なんて傲慢《ごうまん》な人なの、と思ったわ。食料給付センターにずかずかと入ってきて、いくつか質問をして、さっさと帰ってしまうなんて。センターをどんなふうに運営しているのかもきいてこないし、子どもたちのこともきかなかったでしょ。当時の私は、カメラがなにを捕《と》らえていたのかを知らなかったし、プロとしての仕事のしかたを無関心だと誤解していたわ」

彼は食べものをノドにつまらせ、私が彼の意向をかなり誤解していたことに心底おどろいていた。

翌日、撮影クルーは私をアスマラに会わせてくれた。メケレ時代、私をそばで支えてくれた現地スタッフだ。いまはアジスアベバの小さな家で息子とともに暮らしているという。再会した瞬間、彼女が重い病気だとわかった。ひととおりの撮影を終えてから、アスマラは病気のことを話してくれた。エイズで余命わずかだという。夫もエイズで前年に亡くなった。町の病院に行けば抗レトロウィルス薬を出してもらえるが、エイズだということを人に知られるのは恥《はじ》だから、病院には行けないといっていた。私はお金を渡して「生活の足しにして」ということしかできなかった。彼女はその数週間後に亡くなったそうだ。

次の日はメケレに行った。私たちはどんなふうに迎えられるのだろう――そんな不安はあったものの、そのときを迎える直前になってようやく、再びメケレの地を踏む決意も固まり、むしろ楽しみになってきた。あのときなにが起こっていたのかをちゃんと人々に伝えられれば、私は自分の過去に折り合いをつけることができる、そんな気がした。覚悟ができた。

メケレは、この二〇年のあいだに何度か爆撃を受けたにもかかわらず、明らかに発展していた。立派な建物や舗装道路《ほそうどうろ》が目についたし、商店は客でにぎわっている。伝統的な服ではなく、西洋風の服を着ている人が多い。村ではなく、ちょっとした町になったという印象だ。探すのに苦労したが、食料給付センターはまだあった。波形トタン板の壁もそのままだ。でも門扉《もんぴ》には鍵がかかり、敷地内に入れないようになっている。マイケルと私は近くの木に登ってジャンプし、なかに入った。長い年月がどこかに行ってしまったような気がした。キッチン、簡易トイレ、医務室、倉庫——すべて昔のままだ。飢えた人々の姿が脳裏によみがえってきた。敷地の外から私たちを眺める悲しそうな目が、いまもそこにあるような気がした。

プロデューサーがギルマという名の若者をみつけて、連れてきてくれた。ギルマはマイチューのセンターにいたことがあって、私を覚えているという。ギルマの身の上話は、ここではよくあるものだった。母親に水を汲んでこいといわれて出かけ、戻ってきたら母親が死んでいた。妹もいなくなっていた。妹は白人の女に連れていかれたときいて探していたら、自分もセンターに連れていかれて、そこにはきれいな服を着た優しそうな女の人がいた。私のことだ。ギルマは立派な大人になっていたが、とてもシャイで、あまり話をしたがらなかったが、私に会えてうれしそうだった。

また次の日は〈キャッスル・ホテル〉を訪れた。私が滞在していたホテルだ。前より多少きれいになっていたし、町を一望できるロケーションは相変わらずすばらしい。私が泊まっていた部屋にも入ることができた。当時窓からみえていたのは、行き場をなくした人々が飢えて苦しむ光景。そこに立つと、死者が出たことを知らせるクラクションや、夜中に響くハイエナの鳴き声が、耳によみがえってきた。

マイケルにきかれて、当時のことを話した。罪もない人々を見殺しにした自分がナチの一員のように思えたこと。世間の人は私のしたことを褒めたたえ、私のことを天使かなにかのように話すけど、私自身はまったくそんなふうに思えないということ。当時実家の両親に向けて書いた手紙を取りだして読んだ。

おもしろいことなんかひとつも書けそうにないわ。だって、おもしろいことなんかひとつもない。飢えた父親が車の前に飛びだしてくる。骨と皮だけになった赤ん坊を差しだして、助けてくれと懇願する。体が弱って歩けなくなった人たちが道端に倒れている。みんなが望むのはほんのわずかな食べ物と水。チョコレートムースが欲しいわけじゃない。カラーテレビが欲しいわけじゃない。靴だっていらない。ほんの少しの食べ物が欲しいだけなの。

食料を積んだイギリス空軍の飛行機が到着したときのことを話したあと、ふと顔をあげると、マイケルの目が涙に濡れていた。飢えた子どもたちがずらりと並んだ光景について話したときも、マイケルの心が動いたのがわかった。あのときのことをわかってくれる人がいるんだ――はじめてそう思った。すべてを話し終えたとき、私は脱《ぬ》け殻《がら》のようになっていた。

その日の夜は、撮影クルーとホテルに帰ってからも話を続けた。お互いの正直な心情を打ち明けるうちに、マイケルのほうも、二〇年前のあの経験によって人生観が大きく変わったと感じているのだとわかった。

エチオピア滞在は一週間の予定だったが、私はどうしてもマイチューにも行っておきたかったので、滞在を少し延長した。撮影クルーもマイチューについてきた。出会う人々に声をかけて古い写真をみせ、食料給付センターで働いていた人を探す。すると、地元の赤十字スタッフのアステアという女性を知っている、という人がいた。「アステアはいま、薬局で働いているよ」それをきいて、さっそく彼女のところに向かった。

アステアはとても健康でしあわせそうだった。昔の記憶のまま、笑顔が素敵だ。家族のことや、どうして自分が薬局を経営することになったかを話してくれたあと、ラヤの話をしてくれた。彼はスーダンに逃れ、さらにオーストラリアに移住したとのこと。さらに、息子の力を借りてアルマズを探してくれた。大火傷《おおやけど》をした料理人だ。アルマズはホテルを訪ねてきてくれた。私たちは再会を喜び、固く抱きあった。アルマズは子どもを産んだが、結婚はしなかった。結婚するとエイズにかかるリスクが高くなるから、あきらめたのだという。仕事は大学の掃除係をしているそうだ。

次はマイチューの食料給付センターに向かった。メケレで出会ったギルマが同行していたので、センターの話をいろいろきくことができた。「全身、疥癬だらけだったんだ。クレアが石けんで洗ってくれたけど、そのとき、手袋もはめてなかったよね。ほかの人たちは手袋をつけてたけど、クレアだけは素手で洗ってくれた」それをきいて、ギルマは本当に私のことを覚えていたんだとわかった。たしかに、私は素手で子どもたちを洗った。そのせいで私にも疥癬がうつってしまったが、当時の私にとって、そんなことはどうでもよかった。ギルマは目に涙を浮かべて、助けてくれてありがとうといった。あのときにはもう両親もいなかったから、思い出すのはいつも私のことだったという。「お母さんにおっぱいを飲ませてもらうことはできなかったけど、クレアがミルクを飲ませてくれた。だから、クレアはぼくのお母さんなんだ」

これほどうれしい言葉があるだろうか。私は、あなたのような立派な息子がいて誇らしいわと答え、思い切り抱きあった。マイチューへの再訪は、私にとって特別な経験になった。自分はここの人たちに憎まれてはいなかった——。むしろその反対だったのだ。

イギリスに戻ったとき、私は生まれ変わったような気持ちになっていた。自分自身のことも、それまでとは違った角度からみることができた。二〇年という年月のあいだに、私の記憶はゆがめられていた。人々が私に感じてくれていた愛情や感謝を脇に追いやって、悲しい〝選別〟の記憶だけにしばられていた。あのときの自分は恐ろしいモンスターだったと思いこむようになり、人々にそれを知られたらどうしよう、と怯えてばかりだった。でも、エチオピア再訪はそんな呪縛から私を解放してくれた。困難な日々のなかで自分が人々に与え、与えられた愛情の記憶を、慈《いつく》しむことができるようになった。同時に、自分の経験をなにか価値あるものとして残すべきではないかと思うようになった。自分自身のことをネガティブな視点からしかみられなかったときは不可能だったことだ。ネガティブな考えが消えたことで、自分の経験を堂々と人に語れるようになり、そして、それを本にすることを考えはじめた。

できあがった番組をはじめてみたとき、ボブ・ゲルドフがエチオピアの状況と私の任務にどれだけ心を寄せてくれていたのかがわかった。

「彼女は、人の生死を決める権限を委ねられていたんだ。神のような存在にされてしまったんだよ。どんな人間にだって耐えられないような任務を、あのひどい状況のなか、ひとりの若い看護師が果たさなければならなかった。〝選別〟の結果、生を与えられた子どもの命にも、与えられなかった子どもの命にも、計り知れない重みがあった。選別がなにを意味するのか、子どもたちの親もわかっていたし、そのことは彼らの目にははっきりあらわれていた」

言葉を詰まらせたボブ・ゲルドフの顔をみて、私のなかでなにかが変わった。もうひとつのターニング・ポイントが訪れた瞬間だった。私たちは人生のドラマにそれぞれの役割を持っていて、それぞれのやりかたでそれを演じなければならない。ボブ・ゲルドフはミュージシャンとして、そして有名人として、西洋社会の人々、とくに若い人々の心に変化を起こそうとした。発展途上《とじょう》の国々の貧しい人々の存在を忘れてはいけない、手をさしのべる責任がある、と訴えた。マイケル・バークはジャーナリストとしての力を使って、世界に問題を訴えた。同様に、電気もコミュニケーションもない僻地《へきち》で働く一看護師だった私も私なりに、大切な役割を果たしたんだ、と思った。世のなかのだれもが、それぞれの場所で、それぞれのやりかたで、大きな変化を起こすことができる。自分の家族やまわりの人々だけでなく、世界中の人々の役に立つことができる。どの活動も、身近な小さなことから始まるものだ。恐怖に立ち向かう勇気を持てば、日々の生活に存在する自身の怒りや歪《ゆが》みを大きな力に変えて、いずれは世界をも変えていくことができる。

マイケル・バークの番組が放映された二〇〇四年当時、私はロンドン大学衛生熱帯医学大学院でディプロマ履修コースの運営に当たっていた。職場でも、ほかの場所でも、それまでは自分の職歴を人に話すのがいやだったが、そのときを機に、私は変わった。講義でも、ふつうの会話でも、自分の経験を気楽に話せるようになった。

また、過去に自分が書いた手紙や日記をもとに、世界各地の紛争についても語れるようになった。レバノンやアフガニスタンやケニアで出会った兵士たちは、個人レベルでみれば、すぐ隣にいるような、ごくふつうの気さくな人間だった。ただ、暴力や紛争を経験し、敵対する相手への憎しみが増大するうちに、人間の感情はゆがめられ、どんな恐ろしいことも平気でできるようになってしまう。実際、彼らの多くは、家族がレイプされたり殺されたりするのを目撃《もくげき》しているのだ。でも、彼らの手にも赤い血は流れている。すべては戦争のせいだ。戦争は人を変えてしまう。

世のなかから戦争をなくすには、まずは自分が変わるしかない。世界を変える力は、ひとりひとりの暮らしのなかにある。仮に核兵器《かくへいき》がなくなったとしても、人類が欲や怒りや愚かさを持ちつづけている限り、別の方法で互いを殺し合うだろう。世界平和を願う気持ちを少しでも持っていれば、もともと自分のなかにある思いやりの気持ちや知恵を活かすだけでいい。

現在もエチオピアでは、多くの人々が飢えに苦しんでいる。そのことをどう思いますかとよく人にきかれるが、私の答えはただひとつ。あのときマイケルにいったのと同じ、「胸がはりさけそうです」としかいえない。アフリカは依然《いぜん》として多くの問題を抱えている。貧困《ひんこん》、飢饉、戦争、ＨＩＶ。世界の人々の助けがあればアフリカはいつか立ち直れると信じたいが、戦争がある限りは難しいだろう。人間は、自分たちの欲や怒りが世界にどんな影響を与えるかをわかっていないという点で、昔からちっとも進歩していない。これは政治家だけが対処すべき問題ではなく、私たちみんなが考えて取り組んでいくべき問題だ。仏教界の国際的リーダーである池田大作博士が、かつてこう書いていた。「一人の人間における偉大《いだい》な人間革命は、やがて一国の宿命の転換《てんかん》をも成《な》し遂《と》げ、さらに全人類の宿命の転換をも可能にする」

世界を変え、戦争をなくし、人々を苦しみから救う力は、あなたや私のようなふつうの人間の心のなかにある。世界を変えたいと本気で思うのなら、自分の生活を変えることも考えなければならない。欲と怒りを克服《こくふく》し、知恵と思いやり、慈悲《じひ》の心を育てること。世界を変えたいという思いをきっかけに、自分自身を乗りこえること。孤立主義を捨て、世界市民になること。日々の生活におけるひとつひとつの出会いを、相手をしあわせにするチャンスととらえること。

カオス理論においては、一匹《ぴき》の蝶《ちょう》の羽ばたきが、遠く離れた場所に竜巻《たつまき》を引き起こすといわれる。私たちは蝶になろう。ものごとを世界的な視点で考えることができれば、いまいる場所で行動するだけでいい。変化を起こす力はひとりひとりにあって、変化は必ず起こるだろう。私たちはみんな、山を動かし、世界を変える力を持っているのだから。

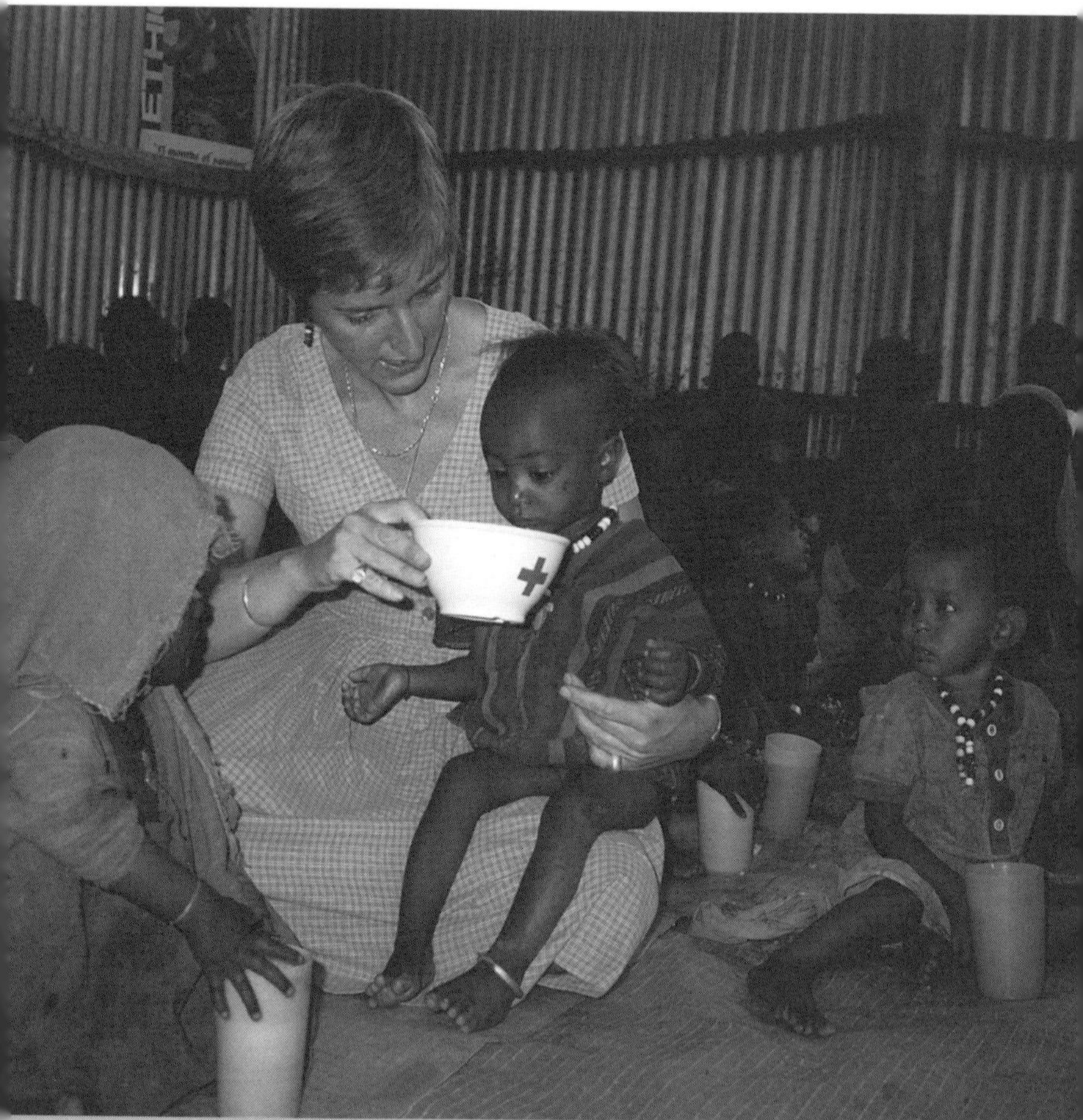

エチオピアの食料給付センターで活動する若き日のバーチンガー博士。

右／エチオピアの子どもたちと。飢餓で苦しんでいた子どもたちが元気に走り回るようになるのが何よりも嬉しいという。
下／銃で撃たれた西アフリカの市民の治療に当たるバーチンガー博士。

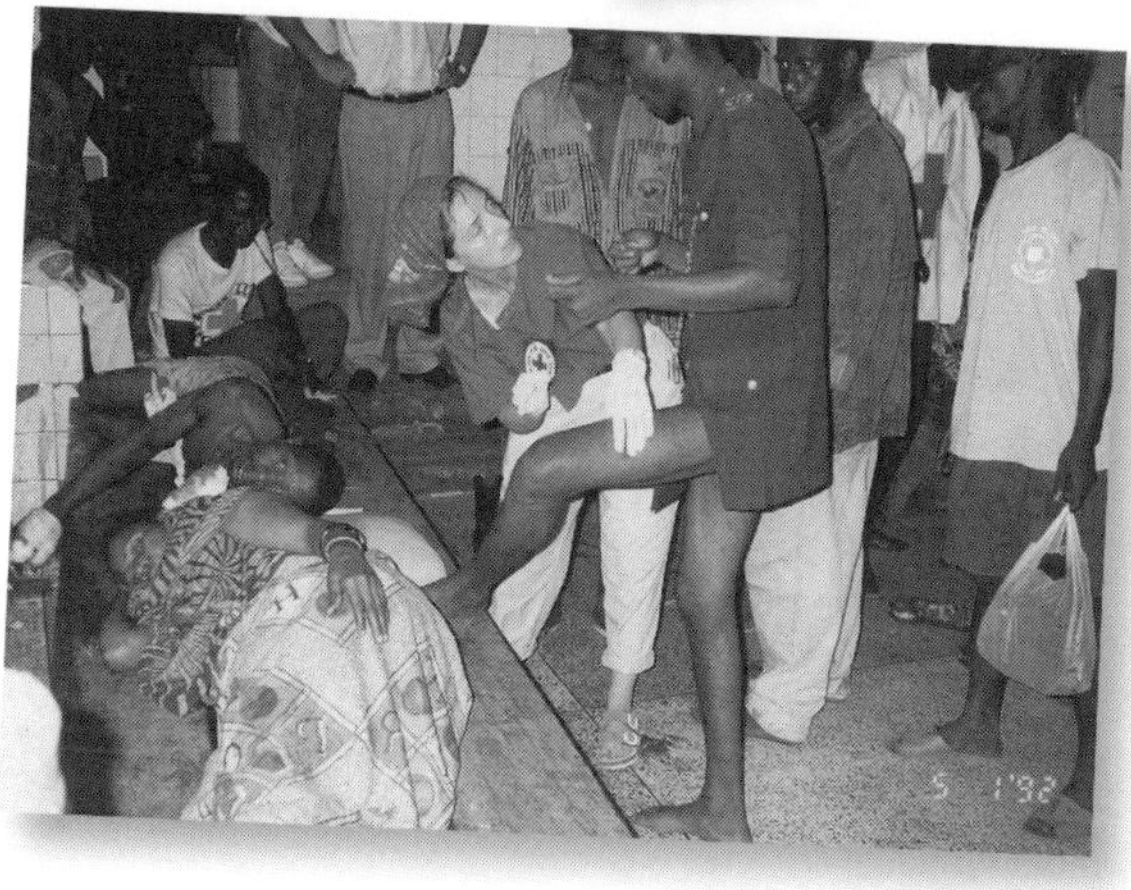

ロンドン大学衛生熱帯医学大学院で学生たちと。自分の経験を若い世代に繋ぐのが使命と語る。

兄妹仲良くツリーハウスをつくり、
野原を駆けまわった子ども時代
（左から2人目が博士）

アフガニスタンにて。12ケ国に及ぶ紛争地での活動で博士が
確信したのは「戦争は何の解決にもならない」との事実だった。

第Ⅱ部

特別インタビュー

変化を起こすのに、小さすぎる存在などない

一九八四年、エチオピア。厳しい飢饉《ききん》にみまわれ、毎日多くの餓死者《がし》が出ていた。若き日のクレア・バーチンガー博士は、赤十字国際委員会の看護師として、現地のスタッフと一緒《いっしょ》に子どもたちのための食料《しょくりょう》給付センターを運営していた。

センターには、一〇〇〇人以上の子どもたちがやってきた。

「どの子も栄養失調状態で、体には脂肪《しぼう》や筋肉は見当たらず、骨に皮がぶら下がっているような状態でした。でも、提供できる食料は七〇食分しかなかったのです。この人数の子どもたちのなかからどうやって七〇人を選べばいいのかと自問し、苦悩《くのう》しました。食料をもらえない子どもは、数日後には餓死することがわかっていました……」

現地スタッフに選んでくれるように頼《たの》むと、彼《かれ》らはそのなかに家族や友人たちの子どもがいるから、自分たちには選べないというのだった。

「唯一《ゆいいつ》の選択肢《せんたくし》は、少しでも生き延びられる可能性がある子どもを選ぶということしかありませんでした」

博士は、子どもたちの目をみて、少しでも命の輝《かがや》きがみえた子どもを選ぶことにした。

一〇列に並んでもらった子どもたちの間を歩き、一〇〇〇人ものなかから選ばなければならない過酷《かこく》な状況《じょうきょう》だった。何人もの母親がすがりつき、幼児を抱《だ》き上《あ》げ「この子を助けて」と懇願《こんがん》する。しかし、心を動かされるわけにはいかなかった。

「私は、たとえ七〇人といえども、その七〇人の子どもは救えると思うようにしました。でも残りの子どもたち、助けの手すら差しのべられない大人や高齢者《こうれい》などに対する罪悪感は、後々まで強く残りました」

このときのセンターの活動を、博士のインタビューも含《ふく》め、ＢＢＣ（英国放送協会）が取材し、放映した。その衝撃《しょうげき》的な映像は、翌八五年に行われた二十世紀最大のチャリティーコンサートといわれる〈ライヴ・エイド〉（アフリカの飢餓《きが》救済のために開催《かいさい》）の大きなきっかけとなったのだった。

戦争はどんな問題の答えにもならない

博士は、ロンドン郊外《こうがい》の町で生まれた。四人きょうだいの末っ子だった。体を動かすことが好きで、「森のなかで育ったと言っていいくらい、いつも野外で遊んでいました。木に登ったり、火をおこしたりするのがとても上手だったんですよ」と笑う。母の手伝いをすることも好きだったそうだ。

「母は世話好きで、近所の方の手助けやお年寄りに食事を運ぶボランティアをしていました。それを手伝うのが大好きで、自然と人のお世話をする看護師になろうと思うようになったのです」

しかし、後にわかったことなのだが、博士はディスレクシア（読み書き障がい）という学習障がいを抱《かか》えていたのだ。読むこと、書くことが苦手で、学校の授業についていくため必死に努力しても、何倍もの時間がかかる。ときどき、文字が逆にみえたりするが、まわりからは理解されず、「もっと丁寧《ていねい》に、努力不足だ」と言われる。自分としては全力でがんばっていたので、つらい学生生活が続いた。まだディスレクシアという言葉さえ知られていない時代だ。

そんななかでも、両親はあきらめずに励《はげ》ましてくれた。なにより博士自身、看護師になると決めた、一筋の道をあきらめなかった。

「あるとき母が『山は眺《なが》めているのではなく、登るものよ』と言ってくれました。一歩一歩進んでいくことの大切さを教えてくれたんですね」

人より多く時間がかかったが、博士は看護師の資格を取得した。救急医療《いりょう》や熱帯医療を学んでいたこともあり、紛争《ふんそう》地の看護活動に従事することにはなんの躊躇《ちゅうちょ》もなかった。その娘《むすめ》の決意を、父も母も「それは、あなたらしいね」と全面的に応援《おうえん》してくれた。

一九八三年、博士は戦火のレバノンに赴任《ふにん》した。これを皮切りにエチオピア、ケニア、スーダン、アフガニスタンなど、十二ヶ国の戦場を約一〇年駆《か》け回《まわ》ることになった。戦地では、数えきれない死を目のあたりにし、自身も命を落とす危険に何度も遭《あ》った。

ジュネーブ条約のもとで赤十字のバッジというシンボルに守られているとはいえ、遠くに爆音《ばくおん》や砲火《ほうか》が飛《と》び交《か》うなかを、負傷兵を連れて帰るため、休戦交渉《こうしょう》をしに互いに敵対する派閥《はばつ》の支配下にあるさまざまな地域の前線まで行った。彼女《かのじょ》の役割は医療用品を補給したり、市民や兵士の負傷者を病院に運んだりすることだった。銃口《じゅうこう》を突《つ》きつけられるなかでの交渉になることもあれば、本来はふたり分しか担架《たんか》を収容できない四輪駆動の車に、十二人もの重傷者を乗せて運ばなければならないこともあった。

「交渉していた司令官たちは人を撃《う》って殺しているのですが、私が驚《おどろ》いたのは、彼らは自分の子どもたちには学校に行って平和に暮らしてほしいと思っていたことです。

一人ひとりが平和のために戦っていると信じていました。彼らは、この戦闘《せんとう》は〝敵〟のせいだと思っていたのです。そして、〝敵〟と呼ぶ人と交渉するために私は中間地帯を通っていきました。野蛮《やばん》な殺人者を思《おも》い描《えが》いていたところ、そこでもまたふつうの優《やさ》しい人と話している自分がいたのです。彼らも平和を望んでおり、それを手にするためには戦うしかないと思っていました」

炸裂弾《さくれつだん》で肉片《にくへん》と化した遺体、まるでオモチャと間違《まちが》えるような対人地雷《じらい》に触《ふ》れて手足を失った子どもたち……。そうした現実と向き合うなかで、博士には「戦争はどんな問題の解決にもならない」という信念が芽生えた。

一人の内面の変革は、やがて社会をも変える

博士が紛争地を離《はな》れることになった原因は、マラリアだった。九三年末のことだ。西アフリカに赴任していたとき、マラリアに感染《かんせん》し、薬でアナフィラキシーショックを起こしたのだ。再び感染する危険があるような紛争地には戻《もど》ることができなくなった。

「スイスのジュネーヴの本部で働くことになりました。紛争地に行く医師や看護師に、現地での活動の指導をする仕事に就《つ》いたのですが、やはり私は現場で負傷した市民や兵士と向き合う仕事がしたかったので、すごく落《お》ち込《こ》みました」

悶々《もんもん》とした日々を過ごした。心に去来するのは、やはり紛争地でのさまざまな体験だった。無限の負のスパイラルのような戦争の連鎖《れんさ》を思った。

「このトンネルの先に光なんかないんだと思うようになっていったのです。やがて人類は自らを滅《ほろ》ぼすことになるだろうと悲嘆《ひたん》するようになりました」

そんなとき、知人から一冊の本を紹介《しょうかい》された。そのなかで池田大作SGI(創価学会インタナショナル)会長の言葉が引用されていた。

「戦争ほど、残酷《ざんこく》なものはない。戦争ほど、悲惨《ひさん》なものはない」と。これが池田会長との

初めての出会いとなった。

「仏法に説かれる十界論についても書かれていました。瞬間、瞬間に人の生命のありようは絶え間なく変化しています。そして、だれにも仏界、つまり仏の生命があるとありました。怒《いか》りや嫉妬《しっと》、貪欲《どんよく》さといった内なる感情は、一瞬《いっしゅん》にして慈悲《じひ》心や思いやりや寛容《かんよう》さに変えることができる。このことを素直《すなお》に納得《なっとく》できたのです」

戦争の最前線で戦っている兵士たちにも確かに〝十界〟はある。そしてアフガニスタンでの体験を話してくれた。

負傷者たちを運ぶために、ある司令官と停戦交渉をしての帰り道のことだ。要塞《ようさい》を出て乗ってきた車をみると、現地に自生する赤いチューリップの花で車が覆《おお》われていたのだった。

「兵士たちは何食わぬ顔で立っていましたが、彼らの感謝の気持ちだったのです。私には、このときの光景が戦争とは正反対の優しさに満ちたものとして、いまも残っています」

どんな状況でも、人は思いやりや感謝の心をもてる。博士には、それが十界論の根拠《こんきょ》にも思えたに違《ちが》いない。

「池田先生は、一人の内面の変革がやがて社会をも変えていくと述べられています。その先生の思想に触れて、私のなかにあった絶望が希望に変わったのです。世界は一人の〝人間革命〟から変えることができる、と」

博士は、池田SGI会長が自分にとって「永遠の師匠《ししょう》」だと言う。

「私を励まし続け、希望を与《あた》えてくれたのですから。先生を模範《もはん》に歩みを同じくし、平和へのビジョンを実現していくことが私の生き方になりました」

水は山を動かす力をもつ

いま博士は、ロンドン大学衛生熱帯医学大学院で、熱帯医学看護専門職ディプロマ履《り》修《しゅう》コースのディレクターを務める。最も心がけているのは、学生たちを尊敬し、褒《ほ》めたたえ、励まし続けることだという。

「これらは、家庭での子育てでも大切なことだと思います。学習障がいがあった私に対して、両親は常に〝あなたはできる〟と励まし続けてくれました。そして、失敗をしたとき、それは次への経験としての学びにするために起きたことだと話してくれました」

博士は、女性の教育がなによりも大切だと考えている。

「世界には教育を受けられない女性がたくさんいます。しかし、女性に力を与える（エンパワーメント）ことによって、家族や地域、その国をも貧困《ひんこん》から救うことができるという研究もあります。そういう女性たちが平和を創る大きな力になる。女性のもつソフトパワーには無限の可能性があるのです」

ある紛争地で、ひとりの司令官からこんな質問を受けたという。

「なぜあなたのような優しい女性が、変化を起こせるのだと思いますか？」

博士は、ある格言を引いて答えた。

「水ほどに甘《あま》く、優しく、やわらかいものはありません。でも、水には山を動かすだけの力があります」

水は、民衆一人ひとりの象徴《しょうちょう》だ、と凜々《りり》しく微笑《ほほえ》む。

「世界をよりよい方向へと変えていきたいのなら、まず自分自身の人生をよりよい方向へと変えることです。人生で正しいと思うことをやっていけば、だれもが人生で勝つことができる。世界も変えることができるのです」

そう言って、こう強調するのだ。

「変化を起こすのに小さすぎる存在なんて、ないのです」と。

あなたに贈る言葉

日本でのインタビューや、
看護師の集《つど》い「白樺《しらかば》」メンバーとの
懇談《こんだん》からつむがれた珠玉《しゅぎょく》の言葉を紹介。

行動

行動を起こす、
実践《じっせん》するということが、
なによりも大事だと思うのです。
そのとき、
忘れてはならないことは、
地球規模で考え、
行動するのは足元から、
ということです。

現場

戦線で働くこと、
つまり負傷者を病院に運び、
命を救うことが、慈悲《じひ》や思いやりへの
第一歩だと思っていました。
しかし、自他共の尊厳を説く
仏法に出合ってから、
世界を変えるのは現場にいる庶民《しょみん》であり、
権力者ではないことを知りました。
本当の平和とは、
地域レベルで始まるのです。

看護

手術がどれほどすばらしく
成功しても、術後の看護がなければ、
生存の保証もできません。
病気を患《わずら》っている患者《かんじゃ》を癒《いや》し、
治療《ちりょう》にあたるのは
看護師が鍵《かぎ》となります。
医師と同様に重要な立場です。
手術後、何週間も何ヶ月も
ずっと寄《よ》り添《そ》い、
経過観察し、その人に、
本当の意味での健康の回復を
もたらすのは看護の仕事なのです。

対話

たとえ議論になり
喧嘩《けんか》になったとしても、
互《たが》いの違《ちが》いを乗《の》り越《こ》えて
共通点を探すことが必要です。
宗教や文化的信念など
いろいろな違いがあるとしても、
それを乗り越えて、
対話をする共通点を探すことが
平和を実現する一歩になります。

心こそ大切

互いに歩みよる共通点を探すために大事なのが、
人の心だと思います。心によってどう人をみるか、
物事をとらえるかが決まります。
だからこそ、一人ひとりの心を変えていく
「人間革命」が大切なのです。

母の介護

父が亡《な》くなったあと、私は母の介護《かいご》をするため実家に戻《もど》りました。
私は当時五十歳《さい》で、母が九十四歳で亡くなるまで十年間、母と一緒《いっしょ》に過ごしました。
最初から、〝いっしょにいるあいだはできる限り楽しく過ごそう〟と決めました。
高齢の母が変わることは難しいと思ったので、まず私自身が変わろう！　と決意しました。
後年、母は目が不自由になり、耳も聞こえず、歩くのもおぼつかなくなりましたが、
いつも楽しいと思えるように工夫《くふう》しました。バッキンガム宮殿《きゅうでん》を訪《おとず》れてエリザベス女王に
会いに行ったり、我《わ》が家《や》の犬に囲まれてガーデンの木の下でピクニックをし、
ソーセージやマシュマロを焼いたりと、毎日違うことをしました。

慈悲の心

本当に世界をよりよい
方向へと変えていきたいと
心から願うのであれば、
自分自身の人生をよりよい方向へと
変えることにも
取り組まなければなりません。
まずは、自らの怒りや妬《ねた》みの
感情と向き合い、挑《いど》み、
そこから自身の英知や慈悲の心を
育《はぐく》むことから始めましょう。

励まし

失敗とは、そこから
立ち上がらなかったときだけ
失敗に終わるのです。
間違《まちが》いから学ぶことは
貴重な経験になります。
次回、同じ場面に直面したとき、
正しい判断ができるからです。
ですから、失敗した人には
「惜《お》しかったね」「努力したね」と
包《つつ》み込《こ》むように褒《ほ》めたたえることが
大切です。常に尊敬し、
励まし続けていくのです。

感謝

じつは私自身も、
悪性腫瘍《あくせいしゅよう》の診断《しんだん》を下されました。
「感謝の心をもつ大切さ」は、長年、
何度も聞いてきましたが、病という試練に
直面した瞬間《しゅんかん》に出てきたのは、怒りの生命でした。
けれど、自分と向き合い、祈《いの》るなかで、
前向きなスイッチが入りました。
池田先生の〝希望の生命哲学《てつがく》〟を思い起こし、
これまで学んできたことを、本当の意味で、
わが身に染《し》み入《い》らせるときが来たんだと
感じたのです。そこからは、すべての方たちへ
感謝の気持ちをもてるようになり、
なにが起きても価値を生み出していこう、
と心に定めました。

目標

大きな目標をもつことは
逆境を乗り越える大きな力になります。
ありがたかったのは、
手術後の投薬治療をしている最中に
日本の創価大学への招聘《しょうへい》を受け、
訪日を大きな目標に
することができました。
絶対に病を乗り越えて、
元気に日本へ行くんだという決意が
大きな励《はげ》みになりました。

平和

かつて私は「世界平和」は、
自分の外に存在すると考えていました。
しかし、仏法の一節にふれて
私の生き方は一変しました。
「清らかな国土といっても、
汚れた国土といっても、
国土がふたつ別々にあるのではなく、
そこに住む私たちの
心の善悪によって違いが現れる」――
平和は私たちのなかにあり、すべて
私たちの心から始まる、ということです。
さらに、小説『人間革命』を読み、
生きる姿勢まで変わったのです。

若い世代へ

質問することを恐《おそ》れないでほしい。
愚《おろ》かな質問というのは、ひとつもない。
すべては、意味のある質問なのです。

師匠

師匠の存在は、大きい。
いつもどうしたらよいのか、
どう伝えたらよいのかわからないとき、
「池田先生だったら
どうされるか」と考えます。
私にとって、常に励まし続けてくれる、
永遠の師匠なのです。

©Soka University

右・上／2019年3月、創価大学・創価女子短期大学の卒業式で講演を行うため日本を訪問した博士は、滞在中、看護師たちの集まりである「白樺」代表メンバーと懇談会を行った。
下／創価大学看護学部の学生と交流。特別講義ではナイチンゲールの生き方を通して「看護師は一人ひとりの生命を照らす存在」と励まし、「何のため」を探求する学びの重要性を語った。

◎第Ⅰ部「山は動く」は英語版のバーチンガー氏の著書「Moving Mountains」を抄訳し、再編集したものです。
◎第Ⅱ部「特別インタビュー」は「パンプキン」二〇一九年七月号の掲載記事「世界の識者が語る」を再編集したものです。

クレア・バーチンガー

イギリス生まれ。看護師として世界の熱帯雨林地域で医療に従事した後、ICRC（赤十字国際委員会）で約10年間、紛争地域などでの緊急援助に携わった。看護と人道支援の貢献をたたえられ、1991年に「フローレンス・ナイチンゲール記章」を受章。2010年に大英帝国勲章の「デイム・コマンダー」を受勲。現在、ロンドン大学衛生熱帯医学大学院・熱帯医学看護専門職ディプロマ履修コースのディレクター。

クレア・バーチンガー自伝
紛争地の人々を看護で支えた女性の軌跡

2021年1月2日　初版発行
2021年3月16日　2刷発行

著　者／クレア・バーチンガー
訳　者／西田佳子
発行者／南 晋三
発行所／株式会社 潮出版社
〒102-8110
東京都千代田区一番町6　一番町 SQUARE
電　話／03-3230-0781（編集）
03-3230-0741（営業）
振替口座／00150-5-61090
印刷・製本／株式会社暁印刷
編集協力／鳥飼新市

ISBN978-4-267-02260-9 C0098

---

www.usio.co.jp